Manfred Wolf

Eine Frage noch, Herr Luther ...

Interview mit einem Ketzer

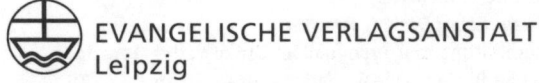

EVANGELISCHE VERLAGSANSTALT
Leipzig

Die Deutsche Bibliothek – Bibliographische Informationen
Die Deutsche Bibliothek verzeichnet diese Publikation in der Deutschen
Nationalbibliographie; detaillierte bibliographische Daten sind im Internet
über <http://dnb.ddb.de> abrufbar.

3. Auflage 2009
© 2004 by Evangelische Verlagsanstalt GmbH, Leipzig
Printed in Germany · H 6878
Alle Rechte vorbehalten
Umschlag: Georg Design, Münster
Innengestaltung und Typographie: Ulrike Vetter, Leipzig
Druck und Binden: Fuldaer Verlagsanstalt GmbH & Co. KG

ISBN 978-3-374-02168-0
www.eva-leipzig.de

Meiner Tochter Andrea gewidmet

INHALT

Vorwort	9
Aberglaube	13
Almosen	13
Alter	13
Amen	15
Angst	15
Arbeit	16
Armut	18
Ärzte	20
Astrologie	21
Auferstehung	22
Ausbeutung	24
Barmherzigkeit	25
Beichte	26
Beruf	27
Beten	29
Bibel	30
Bordell	34
Brot	35
Bücher	35
Christen	37
Dankbarkeit	39
Ehe	39
Ehrlichkeit	45
Eltern	46

Erziehung	47
Europäer	49
Evangelium	51
Faulheit	52
Frauen	52
Freiheit	56
Freude	58
Freund	58
Frieden	59
Gebote	61
Geduld	61
Geiz	62
Geld	63
Gerechtigkeit	67
Gewissen	68
Glaube	68
Gott	70
Habgier	75
Herz	76
Hilfsbereitschaft	77
Hoffnung	77
Jesus Christus	78
Jugend	79
Katechismus	80
Kinder	81

Kirche	82	Sprachen	115
Krieg	84	Sprichwörter	116
		Streiten	118
Leben	85	Sünde	118
Lehrer	88		
Liebe	90	Tanz	119
Lügen	92	Taufe	120
		Teufel	121
Macht	95	Tod	123
Mann und Frau	95	Trunkenheit	128
Mäßigkeit	97	Tugend	129
Mensch	98		
Mord	99	Undankbarkeit	130
Musik	100	Unzufriedenheit	131
Mut	102		
		Verleumdung	132
Nächstenliebe	103	Vernunft	133
Obrigkeit	104	Wahrheit	134
Ostern	107	Weisheit	135
		Welt	136
Pfarrer	107	Wort Gottes	137
Redner	110	Zeit	139
Reichtum	111	Zorn	140
Reisen	112	Zwang	141
Religion	113	Zweifel	142
Schönheit	113	Quellenverzeichnis	144
Schuld	114		

VORWORT

Der Name Martin Luthers (1483–1546) steht für die Reformation, die ohne den Wittenberger Theologen so nicht hätte stattfinden können. Sie begann mit seinen 95 Thesen und wird in der Geschichtsschreibung zugleich oftmals als der Beginn der Neuzeit verstanden. Untrennbar mit ihr verbunden ist die früher beginnende und die deutschen Ereignisse immer begleitende Renaissance in Europa mit den humanistischen Ideen solcher Köpfe wie Johannes Gutenberg, Leonardo da Vinci, Nikolaus Kopernikus, Erasmus von Rotterdam, Philipp Melanchthon, Giordano Bruno, Johannes Keppler und Galileo Galilei.

Martin Luthers Weg sollte eigentlich durch Beschluß seines Vaters Hans Luder vorgezeichnet sein, wonach der überdurchschnittlich begabte Knabe die später ordentlich honorierte Juristerei zu studieren hatte. Allerdings mußte Luthers himmlischer Vater offensichtlich anderes mit seinem Sohn vorgehabt haben als der irdische.

Zunächst aber ging alles seinen weltlichen Gang. Sein Schulbesuch von 1488 bis 1501 in Mansfeld, Magdeburg und Eisenach sowie das sich anschließende Studium der freien Künste (*artes liberales*) bis 1505 in Erfurt gestalteten sich noch nach den Wünschen des Vaters. Und auch das dort von Luther aufgenommene Jurastudium verlief noch in den vorgezeichneten Bahnen, bis während eines heftigen Gewitters am 2. Juni 1505 ein Blitz neben dem vom Heimatbesuch zurückkehrenden einundzwanzigjährigen Studenten einschlug. Sein in Todesangst abgelegtes Gelübde: »Hilf du, heilige Anna, ich will ein Mönch werden«, löste Luther schon fünfzehn Tage später als Novize im Kloster der Augustiner-Eremiten zu Erfurt ein. Im Erfurter

Dom erhielt der Bruder Martin am 2. Mai 1507 die Priester-
weihe und begann danach (!) das Theologiestudium, das er
1508/09 in Wittenberg fortsetzte, um dort 1509 zum *doctor
theologiae* promoviert zu werden. 1510/11 wurde Luther in
Ordensdingen nach Rom entsandt, was er auch dazu nutzte,
vom reichhaltigen Gnadenangebot (Heiligenverehrung, Ablaß-
briefe) der Heiligen Stadt Gebrauch zu machen, ohne freilich
die diesbezüglichen Mißstände zu übersehen.

Erst danach hat sich bei Doktor Martinus eine kritische Ein-
stellung zur päpstlichen Kirchenpraxis (besonders zum Ablaß-
wesen) und schließlich eine neue Gottesvorstellung heraus-
gebildet. In seinen Vorlesungen über die Heilige Schrift rückte
er Jesus Christus in den Mittelpunkt des Glaubens und kam so
zu einem neuen Verständnis des Verhältnisses Gottes zu den
Menschen. Über Jahre hinweg hatte ihn dabei die Frage nach
Gottes Gerechtigkeit geplagt. Im sogenannten Turmerlebnis
kam Luther 1513 bei der Lektüre des Römerbriefes (Röm 1,16f.)
in seiner Wittenberger Klosterkammer zur eigentlichen reforma-
torischen Erkenntnis: »Wenn wir als Gerechte aus dem Glauben
leben sollen, und wenn die Gerechtigkeit Gottes jedem, der
glaubt, zum Heil gereichen soll, so wird sie nicht unser Verdienst,
sondern die Barmherzigkeit Gottes sein. So wurde mein Geist
aufgerichtet, denn die Gerechtigkeit Gottes besteht darin, daß
wir durch Christus gerechtfertigt und erlöst werden.« Gerechtigkeit erwirbt der Mensch vor Gott also nicht durch eigene Lei-
stung, sondern einzig der Glauben des sich seiner Sünde be-
wußten Menschen an den barmherzigen Gott macht diesen vor
Gott gerecht. Luthers theologischer Durchbruch verlangte nach
praktischer Umsetzung, wie er sie am 31. Oktober 1517 mit dem
Thesenanschlag zu Wittenberg ins Werk setzte. Doch was als
reinigendes Streitgespräch gegen Mißbildungen des Papsttums
und zur »Gesundung der katholischen Kirche an Haupt und
Gliedern« gedacht war, wurde landauf, landab von breiten Volks-
massen begierig aufgenommen und löste schon bald die welt-
verändernden Ereignisse der Reformation in Deutschland aus.

Luther hatte damit das entscheidende Glied einer Kette geschmiedet, die bis in unsere Tage Menschen weltweit verbindet. Denn: ohne Luther keine Reformation, keinen Protestantismus, keine evangelischen Kirchen und keinen lutherischen Weltbund, in dem seit 1947 nicht weniger als 136 lutherische Staats-, Landes- und Freikirchen mit über 60 Millionen Gläubigen zusammengeschlossen sind.

Das alles trägt ebenso unverwechselbar Luthers Handschrift wie sein schöpferisches Meisterwerk: die Übersetzung des Neuen Testaments aus dem griechischen ins deutsche in nur zehn Wochen während seiner »Schutzhaft« 1521/22 auf der Wartburg. Auch hier wieder eine lutherische Initialzündung mit Kettenreaktion: Durch seine Bibelübersetzung (das Alte Testament hatte er zwischen 1523 und 1534 übertragen) konnte sich eine einheitliche deutsche Hochsprache herausbilden, die zur Stärkung des kulturellen und wirtschaftlichen Einheitsgedankens einer deutschen Nation unmittelbar beigetragen hat. Der deutsche Dichter, Philosoph und Theologe Johann Gottfried von Herder würdigte Martin Luther deshalb als »Lehrer der deutschen Nation, ja als Mitreformer des ganzen, jetzt aufgeklärten Europa«. Und Johann Wolfgang von Goethe meinte: »Die Deutschen sind ein Volk erst durch Luther geworden.«

Wenn nun heutige Menschen nach Antworten auf wichtige Fragen des Lebens suchen, so können sie diese beim großen deutschen Reformator finden: Von »Aberglaube« bis »Zweifel« beantwortet Martin Luther unter 95 Stichworten Fragen wie diese: »Halten Sie es für möglich, daß ein Armer reich und ein Reicher arm sein kann?« oder »Was sagen Sie dem, der da behauptet, man glaube besonders stark an das, was man wünscht oder fürchtet?«

Manfred Wolf
Ilmenau, im Januar 2004

→ ABERGLAUBE

Stimmen Sie, Doktor Luther, dem zu, der da behauptet, der Aberglaube sei ein Wegbegleiter des Unglaubens?

Der Aberglaube verleugnet und verachtet nicht allein Gott, sondern auch den Nächsten. A 25/399

Es gibt nichts Mächtigeres auf der Welt als den Aberglauben. Dieser ist die Königin und Kaiserin über alles, was hoch ist in der Welt, aber vor Gott ist er ein Greuel. A 25/267

→ ALMOSEN

Was sagen Sie, Herr Luther, zu dem Sprichwort: Almosen, das von Herzen kommt, dem Geber wie dem Nehmer frommt?

Man tut besser daran, wenn man dem Nächsten einen Pfennig gibt, als wenn man Petrus eine goldene Kirche baut, denn das ist von Gott geboten, jenes aber nicht. A 10 III/282

Laßt uns die Armen nicht vergessen und ihnen gern helfen und geben; nicht allein mit dem allgemeinen Almosen, daß man da einen Pfennig, Groschen oder Gulden gibt, je nachdem es unser Vermögen und seine Not erfordern. Solche Hilfe ist man armen Leuten unter allen Umständen schuldig. A 52/372

→ ALTER

Welche Altersphilosophie können Sie uns vermitteln, Herr Doktor Luther?

Wer mit 20 Jahren nicht schön, mit 30 Jahren nicht stark, mit 40 Jahren nicht klug, mit 50 Jahren nicht reich wird, der braucht danach nicht mehr zu hoffen, Alter schützt vor Torheit nicht. D 103

Ein jedes Alter hat seine Beschwerlichkeiten. Junge Leute plagt die Geilheit, welche auch kaum, wenn sie in den Ehestand getreten, gelöscht wird. Im männlichen Alter sucht man Reichtum und häuft ihn; und da wächst auch der Geiz. Wenn einer wohl und ehrbar gelebt und sein Amt recht verwaltet hat, er eine gute obrigkeitliche Person, ein guter Pfarrer usw. gewesen ist, so entspringt daraus die Selbstliebe, welche (recht) eigentlich zu den Alten nebst dem Geiz gehört. So ist unser Leben nicht allein sündlich, sondern die Sünde selbst. Zudem kommen noch so viele andere Übel dazu. Das kindliche Alter ist jedem Unrecht ausgesetzt, die Jugend allen Gefahren, das männliche Alter allen Krankheiten und Lastern unterworfen. Und dennoch kann der harte Nacken der Menschen durch so viele Übel nicht gebrochen noch gebändigt werden ...
A 25/247

Ist an der Redensart etwas dran, daß die Hoffnung auf ein langes Leben zuletzt stirbt?

Die Hoffnung, länger zu leben, ist allen Menschen von Natur aus eingepflanzt. Daher kommt es, daß die Menschen all ihr Mühen und Denken darauf so ausrichten, als wollten sie ewig leben. Denn in ihren Gedanken machen sie aus ihrem Leben ein ewiges Leben, wo ihnen doch der Tod immer auf den Fersen sitzt und unser allernächster Nachbar ist. A 40 III/524

→ AMEN

Vom christlichen Gottesdienst kennen wir das hebräische Wort »Amen« (»So ist es« bzw. »So sei es«!); auch im alltäglichen Sprachgebrauch findet sich das einwilligende »Ja und Amen« sowie das unzweifelhafte: »Das ist so sicher wie das Amen in der Kirche«.
Belehren Sie uns bitte, Herr Professor Luther, wie Sie in Ihren Predigten, Gebeten und Übersetzungen der Bibel dieses feierliche Wort gebrauchen?

Amen heißt: Hilf Gott, daß wir alle diese Bitten des Vaterunsers unangefochten erlangen und laß uns nicht daran zweifeln, du habest und wirst uns hierin erhören, daß es Ja und nicht Nein oder zweifelhaft sei. So sprechen wir fröhlich »Amen, das ist wahr und gewiß«. A 6/19

Und am Ende des Gebets?

Wenn du am Ende mit herzlicher Zuversicht und Glauben Amen sagst, so ist dein Gebet gewiß ... erhöret. A 2/127

Das Amen, mit dem wir das Gebet beschließen, gründet sich nicht auf unsere Würdigkeit, sondern auf Gottes Verheißung. A 25/238

→ ANGST

Was sagen Sie jenen Unsicheren, Bedrückten und Verzweifelten, denen »angst und bange« ist?

Gott richtet auf und stärkt niemand als allein die Betrübten, die sterben sollen und die in Verzweiflung sind. Denn das Wort des Lebens und Heils gehört denen, die in Angst und Verzweiflung sind, welchen recht gesagt wird: Du fürchtest dich, und dein Gewissen martert dich, der Teufel mit seinem Stachel und dazu das Fleisch plagen dich. Aber sei getrost, Gott zürnt nicht mit dir. A 44/638

Und die Todesangst?

Die Angst vor dem Tode ist der eigentliche Tod und nichts anderes. Wer die Todesangst ganz aus seinem Herzen fortgetan hat, der hat keinen Tod, schmeckt keinen Tod. F 34

→ ARBEIT

Was antworten Sie, Doktor Martinus Luther, jenen losen Vögeln, die da meinen, Arbeit sei nur eine lästige Unterbrechung der Freizeit und man brauche sich die gebratenen Tauben einfach nur ins Maul fliegen zu lassen?

Von der Arbeit stirbt kein Mensch; aber vom Ledig- und Müßiggehen kommen die Leute um Leib und Leben, denn der Mensch ist zur Arbeit geboren wie der Vogel zum Fliegen. A 17 I/23

Arbeit ist an sich Freude. A 6/120

Aber es gibt ja doch auch schmarotzende Nichtstuer. Was halten Sie deshalb von der Forderung des Apostels Paulus: Wer nicht arbeitet, soll auch nicht essen?

Mein Nächster ist nicht, der nicht arbeiten und das Unsere suchen will. Der ist nicht zu unterstützen, der die Last der Arbeit nicht tragen will. Denn wie mein Fleisch ißt und trinkt und dennoch arbeitet, so muß auch mein Nächster arbeiten. A 31 II/482

16

Gott will keine faulen Müßiggänger haben, sondern man soll treu und fleißig arbeiten, ein jeder nach seinem Beruf und Amt. So will er den Segen und das Gedeihen dazu geben.
A 31 I/437

Arbeiten ginge ja vielleicht noch, meinen manche Müßiggänger, wenn nur das frühe Aufstehen nicht wäre. Wer also sollte wann und wie sein Tagewerk verrichten?

Die Mahnung, früh aufzustehen und spät zu Bett zu gehen, soll man auf alle Stände ausdehnen, nicht nur auf die Handwerker, die früh zu ihrem Tagwerk aus den Betten müssen. Es ist nicht schlimm, früh aufzustehen und spät zu Bett zu gehen, wie es ja auch nicht schlimm ist, den ganzen Tag durch Arbeit ausgefüllt zu wissen. Das verlangt nämlich Gott von allen Menschen; die Trägheit aber und den Müßiggang verdammt er. A 40 III/237

Sie sprechen dem Wort also Wahrheit zu, daß Müßiggang aller Laster Anfang sei?

Die in dem Müßiggang leben, gehen nicht auf Gottes, sondern auf des Teufels Wegen; denn sie sind und leben nicht in Gottes Ordnung, weil ja Gott die Arbeit geordnet hat. A 40 III/279

Wenn Gott jedem seiner Arbeit gemäß geben würde, was würden (dann) die Müßiggänger von ihm empfangen, die ihr Geld zu nichts anderem als zum Gewinn, den Gewinn zum Müßiggang, den Müßiggang zur Wollust, die Wollust zu Sünden mißbrauchen? A 1/505

Stimmt es, Herr Doktor Luther, daß Arbeit die Quelle ist für die Mittel unseres Lebens?

Arbeiten muß und soll man, aber die Nahrung und des Hauses

17

Fülle ja nicht der Arbeit zuschreiben, sondern der Güte und dem Segen Gottes ... Gott will die Ehre haben, der allein gibt alles Gedeihen; denn wenn du gleich hundert Jahre pflügtest und aller Welt Arbeit tätest, so könntest du doch nicht einen Halm aus der Erde hervorwachsen lassen, sondern Gott tut alles ohne alle deine Werke. Während du schläfst, macht er aus dem Körnlein einen Halm und viele Körner drauf. A 15/374

→ ARMUT

Armut schändet nicht, so sagt's das Sprichwort. Was sagen *Sie* dazu, Doktor Martinus?

Im Volke Gottes soll keine Armut und Bettelei sein, sondern Armut und Bettelei darf es gar nicht erst geben. A 14/7

Gleichwohl gibt es sie aber doch!

Gott nimmt die Armut nicht von seinen Heiligen, aber er läßt sie auch nicht untergehen und verderben. A 17 II/57

Aber hat es denn nicht angesichts der schlimmen Armut in der Welt den Anschein, als schaue Gott weg und vergesse die Armee der Armen?

In Wahrheit ist es gotteslästerlich zu sagen: Gott vergesse die Armen, wende sein Gesicht von ihnen und frage nicht nach ihnen; da er doch im ersten Gebot an ihn zu glauben und auf ihn zu hoffen befohlen hat; im zweiten, daß man seinen Namen anrufen, in dem dritten, daß man auf seine Worte warten soll. Weswegen reizt nun der Gottlose Gott, wenn er ihm wider sein ausdrückliches Gebot und Willen beimißt, als ob er der Armen vergesse? A 5/346

Halten Sie es für möglich, daß ein Armer reich und ein Reicher arm sein kann?

Wenn ein Armer ein rechtes Herz hat, ist er vermögender als ein Reicher, denn er ist mit Wenigem zufrieden und dankt Gott für die höchsten Reichtümer; das heißt, für die Erkenntnis Gottes und für die Gnade in Christus. Ein Reicher aber ... ist auch inmitten zusammengescharrten Geldes arm, und bei großem Überfluß leidet er Mangel. A 42/511

Jemand behauptete, weil Eigentum sowohl die Geldgier als auch die Raffgier schüre, sei es besser, man habe am besten keins. Sehen Sie das auch so?

Es ist nicht so gemeint, daß man so arm sein müsse, daß man kein Eigentum habe. Denn es kann die Welt nicht so bestehen, daß wir alle Bettler sein und nichts haben sollten. A 32/307

Aber weshalb denn nicht?

Soll ein Christ geben, so muß er zuvor haben. Wer nichts hat, der gibt nichts. Und soll er morgen oder übermorgen oder in einem Jahr auch geben ..., so kann er nicht heute alles weggeben ... Das begehrt unser Herr Christus nicht, daß ich mich mit meinem Gut zum Bettler und den Bettler zum Herrn mache; sondern seiner Notdurft soll ich mich annehmen und ihm helfen, so gut ich vermag, auf daß der Arme mit mir esse und ich nicht mit dem Armen esse oder meinem Hause das wegnehme, wessen wir bedürfen, und es Fremden gebe.
A 52/384

→ ÄRZTE

Was halten Sie, Herr Doktor Luther, von der Behauptung, Ärzte seien jene besonderen Menschen, deren Irrtümer die Erde zudeckt?

Wahr ist es, man darf die Anordnungen des Arztes nicht in den Wind schlagen, aber viele sind leichtfertig. Die erteilen Kranken ihren Rat ohne Unterschied und richten sich nach deren Wünschen, die müssen einen neuen Kirchhof haben. Dagegen sind wieder manche gar zu ängstlich und schwankend; sie sind sich über die Krankheiten nicht im klaren und sagen: Die Diagnose ist schwer, die Umstände sind unklar, es ist eine gefährliche Krankheit und mit solchen Redereien machen sie den Patienten ungeduldig. B 296

Sie waren häufig und arg von Krankheiten geplagt. Dabei lernten Sie solche und solche Ärzte kennen. Welche bevorzugen Sie?

Ich lobe mir die Ärzte, die sich sorgfältig an ihre Regeln halten. Sie sollen es aber auch mir nicht verargen, daß ich nicht allezeit folge. Sie wollen mich zu einem Fixstern machen, dabei bin ich doch nur ein umherirrender Planet.
Der Arztberuf ist sehr verantwortungsvoll, denn ihm ist das menschliche Leben anvertraut. Das hat viele verborgene Kräfte, innere und unsichtbare Organe und ist mancherlei unerwarteten Gefahren ausgesetzt, daß man es in einer Stunde zugrunde richten kann. Deshalb muß der Arzt demütig sein; das heißt, er muß Gott fürchten, und wenn er seinen Beruf nicht mit Ehrfurcht ausübt, dann ist er ein Mörder. B 296 f.

Stimmen Sie der Maxime zu, Vorbeugen sei besser als Heilen?

Es gehört nicht zur Aufgabe der Ärzte, darüber zu disputieren, wie man es mit Gesunden halten solle. Sie haben sich um Kranke zu kümmern, wie die Theologen um Sünder. B 295

»Irren ist menschlich«, sagt das Sprichwort. Können Sie uns ein Beispiel erzählen, daß da Ärzte keine Ausnahme machen?

O, ja. Ein Edelmann lag krank darnieder und konnte weder essen, trinken noch schlafen. Endlich gelüstete ihn nach Rotwein, den er als Gesunder sonst gern zu trinken pflegte. Nun hatte er ein Glas voll holen lassen, das hat er ausgetrunken; dann hat er noch ein Glas voll holen lassen und darauf gesagt: aller guter Dinge müssen drei sein, und hatte das dritte Glas auch ausgetrunken, obwohl ihm die Ärzte den Wein streng verboten hatten. Aber er hat gut darauf geschlafen. Am Morgen war der Arzt gekommen, hat den Urin beschaut und gesagt: »Ja, wenn ihr euch (immer) so hieltet, dann würde es wohl besser mit euch werden.« B 295f.

→ ASTROLOGIE

Würden Sie, Herr Professor Luther, dem zustimmen, der da sagt, die Astrologie sei das mißratene Kind der Astronomie?

Die Astronomie ist eine sehr alte Wissenschaft und hat viele andere mit sich gebracht. B 225

Ich lobe die Astronomie und die Mathematik, welche mit Beweisen umgehen, von der Astrologie erwarten wir nichts. B 225

Weshalb nicht? Was ist so Falsches an der Astrologie?

Die Astrologie kann nicht bestehen, sie stützt sich auf keinerlei Beweise. Ihre zweifelhaften Prophezeiungen nämlich sind so: Wenn sie nicht zutreffen, muß man sie umdeuten. B 225

Der Sternenglaube ist Aberglaube; denn er ist gegen das erste Gebot. B 225

Aber gibt es nicht doch hinreichend Weissagungen, die die Astrologie glaubwürdig erscheinen lassen?

Niemand, auch nicht Paulus, kein Engel vom Himmel und ganz und gar nicht Philippus (Melanchthon) kann mich dazu bringen, den Weissagungen der Astrologie zu glauben. Sie sind so oft falsch gewesen, daß es gar nichts Unzuverlässigeres gibt. Wenn sie nämlich zwei- oder dreimal richtig geweissagt haben, dann spielen sie sich damit auf. Haben sie sich aber getäuscht, dann verheimlichen sie es. B 225

→ AUFERSTEHUNG

Viele Menschen – und nicht nur Nicht-Christen – tun sich schwer zu begreifen, wie denn der christliche Glaube an die Auferstehung zu verstehen sei: Nicht nur Auferstehung von Jesu Christi, sondern auch Auferstehung jedes Menschen nach dem Tod.
Wie sehen Sie, Doktor Luther, als Professor für Bibelauslegung, die Auferstehung als den Mittelpunkt des christlichen Glaubens?

Ich wollte niemals einen anderen Gedanken haben als den: die Auferstehung ist für mich geschehen. A 46/327

Die Christen glauben, was wir nicht gegenwärtig sehen noch begreifen; nämlich, daß unsere Leiber nach diesem Leben aus dem Tode, Grabe und Verwesung auffahren und schweben werden bei dem Herrn Christus, viel herrlicher, schöner und lichter als die Sonne und alle anderen Kreaturen usw. Und nachdem wir wissen, daß unser Herr Christus uns vorangegangen und schon droben zur Rechten Gottes regieret, auf daß er uns auch zu solcher Herrlichkeit bringe, sollten wir billig diesen Artikel stärker und fester halten als wir tun. A 41/81

Der Mensch als Geschöpf Gottes bleibe auch durch den Tod hindurch Gottes Partner. Unser Verhältnis zum Tod und unsere Stellung zu ihm sind deshalb etwas zutiefst Menschliches.
Wie erklären Sie das, Professor Luther, im Zusammenhang mit der Auferstehung?

Der Tod in Christus ist wahrhaft nicht ein Tod, sondern ein feiner, süßer, kurzer Schlaf, wo wir ohne diesen Jammer der Sünde und der rechten Todesnot und Angst und alles Unglück dieses Lebens sicher und ohne alle Sorgen, süß und sanft einen kleinen Augenblick ruhen sollen wie in einem Ruhebettlein, bis die Zeit komme, daß er uns mit allen seinen lieben Kindern zu seiner ewigen Herrlichkeit und Freude aufwecken und rufen wird. Denn weil man den Tod einen Schlaf nennt, so wissen wir, daß wir nicht darin bleiben, sondern wieder aufwachen und leben sollen. Die Zeit, da wir schlafen, kann uns selbst nicht länger erscheinen, als wären wir eben erst jetzt diese Stunde entschlafen. Dann werden wir auch uns selbst grämen, daß wir uns vor solchem feinen Schlaf in der Todesstunde entsetzt oder geängstigt haben, und so in einem Augenblick aus dem Grab und der Verwesung lebendig, ganz gesund, frisch, mit reinem, hellem, verklärtem Leib unserem Herrn und Heiland Christus in der Wolke entgegen kommen.
A 22/402

→ AUSBEUTUNG

Es kann doch nicht gottgewollt sein, Herr Doktor Luther, wenn die reichen Herrschaften den gemeinen Mann wie eine Kuh ausmelken?

Wenn du die Leute übervorteilst oder ihnen ihren Lohn nicht richtig auszahlst, so ist's ein Diebstahl, du bist vor Gott ein Dieb und wirst am Jüngsten Tage den armen Lazarus (Ausgebeuteten) vor dir sehen, dem du solches Almosen deines Handelns versagst, ihn noch dazu durch deinen Geiz bestohlen und ihm das Seine genommen hast. A 52/372

Und die Folgen?

Du sollst nicht meinen, daß das allein stehlen heißt, wenn du deinem Nächsten das Seine raubst; sondern wenn du deinen Nächsten Hunger, Not, Durst usw. leiden, keine Herberge, Schuh und Kleider haben siehst und hilfst ihm nicht, so stiehlst du ebensowohl, als wenn einer dem andern das Geld aus dem Beutel oder Kasten stiehlt; denn du bist schuldig, ihm in seiner Not zu helfen; denn deine Güter sind nicht dein; du bist nur als Verwalter darüber gesetzt, daß du sie austeilest denen, die derer bedürfen ... A 16/513

Was also tun?

Darum ist der reiche Mann eine Seltenheit, der in dem Falle nicht ein Dieb, ja ein großer Dieb ist. Es müßte auch ein großer Strick sein, woran man solche großen Diebe hängen sollte.
Solche Diebe aber gibt es nicht allzuviel; denn der gemeine Mann hat nicht so große Güter wie die reichen, großen Hansen, die nur zu sich scharren, schinden, schaben, die Armen ausbeuten und große Schätze sammeln. Diese sind die rech-

ten, größten, straßenräuberischen Diebe; die hängt man nicht an Galgen, sondern sie werden von jedermann geehrt und sitzen obenan; sie werden aber dem Galgen nicht entgehen. Der Teufel wird selbst Meister an ihnen werden. Der wird sie in der Hölle recht festbinden, daß sie ihm nicht entkommen können. A 16/513

→ BARMHERZIGKEIT

Mitgefühl für die Notleidenden, ein Herz für die Armen zu haben, was bedeutet das bei Gott?

Der Herr teilt die Barmherzigkeit in drei Teile, damit wir wissen sollen, was doch Barmherzigkeit sei, die wir unserem Nächsten erzeigen sollen. Zum ersten, wir sollen nicht richten noch verdammen. Zum anderen, du sollst deinem Nächsten vergeben, wenn er dir etwas getan hat. Zum dritten, du sollst dem Bedürftigen zu Hilfe kommen. Das bedeutet das Wort Barmherzigkeit, wenn es in der Schrift stehet. A 10 I/320

Was aber bedeutet das nicht?

Dies alles muß aus einem rechtschaffenen Herzen kommen und ohne Heuchelei und Falschheit, ohne Ansehen der Person geschehen. Denn wenn du denen Gutes gönnen wolltest, die dir Gutes gönnen, oder die schädigen, die dich schädigen, das wäre ein großer Irrtum. A 10 I/320

Wie also sollte der gläubige Mensch handeln?

Der gerechte und fromme Mensch ist auch barmherzig wie sein Gott. Er leiht gern, gibt gern, hilft gern seinem Nächsten. A 19/319

Wohltaten müssen verborgen sein und nicht prahlerisch, es soll stille und ohne (Eigen-)Nutz geschehen ... Gute Werke haben keinen Namen. B 272

Es ist natürlich, daß der, welcher von anderen Wohltaten verlangt, selbst auch wohltätig gegen andere sein muß ... Wer keine Wohltat verlieren will, der möge nie eine erweisen. B 272

Wenn wir täten, was wir sollten, und nicht machten, was wir wollten, dann hätten wir auch, was wir haben sollten. Nun tun wir, was wir wollen, und nicht, was wir sollen, darum müssen wir auch (aus)halten, was wir auch nicht wollen. B 272

Was halten Sie von dem Spruch: »Gebet, so wird euch gegeben!«?

Das ist ein unangreifbarer Spruch, der die Welt reich und arm macht. Die, welche nichts geben und meinen, dadurch ihren Kindern mehr zu hinterlassen, die werden nichts übrigbehalten. Diese Krankheit wird alles verderben, wie es vielen Reichen geschieht und bald geschehen wird. Das Sprichwort bleibt wahr: Unrecht Gut gedeihet nicht, kommt an den dritten Erben nicht. B 271

→ BEICHTE

Welche Sünden soll man bekennen, Doktor Martinus, wenn man beichtet?

Vor Gott soll man aller Sünden sich schuldig geben, auch die wir nicht erkennen, wie wir im Vaterunser tun; aber vor dem Beichtiger sollen wir allein die Sünden bekennen, die wir wissen und fühlen im Herzen. A 30 I/384

Die Beichte begreift zwei Stücke in sich: eins, daß man die Sünden bekenne, das andere, daß man die Absolution oder Vergebung vom Beichtiger empfange als von Gott selbst und ja nicht daran zweifle, sondern fest glaube, die Sünden seien dadurch vergeben vor Gott im Himmel. A 30 I/383

Wie offen kann oder soll oder darf denn die Beichte sein?

Heimliche Dinge sollen in der Beichte auch heimlich bleiben und heimlich gehalten werden. A 44/221

Ich will mir die heimliche Beichte nicht nehmen lassen. Ich will auch niemand dazu zwingen oder gezwungen haben, sondern sie einem jeglichen frei anheimstellen. Unser Gott ist nicht so arm, daß er uns nur eine Absolution und nur einen Trostspruch zur Stärkung und Tröstung unseres Gewissens gelassen hätte, sondern wir haben viel Absolution im Evangelium und sind reich mit viel Tröstung überschüttet. A 10 III/63

→ **BERUF**

Wie interpretieren Sie, Professor Luther, das Bibelwort: »Dienet einander, ein jeder mit der Gabe, die er empfangen hat«?

Ein jeder soll ein solches Leben führen, von dem er weiß, daß es Gott wohlgefällt, wenn es auch gleich verachtet und gering sein sollte. Ein Knecht, eine Magd, ein Vater, eine Mutter sein, das sind solche Lebensformen, die durch's göttliche Wort eingesetzt und geheiligt sind und Gott wohlgefallen. A 25/385

Wie geht man da am besten vor?

Siehe zunächst, daß du an Christus glaubst und getauft seiest.

Danach siehe auf dein Amt und Beruf. Ich bin zu predigen berufen. Wenn ich nun Gottes Wort predige, so tue ich ein heilig Werk, daran Gott Wohlgefallen hat. Bist du Vater, Mutter: glaube an Jesus Christus, so bist du ein heiliger Vater und eine heilige Mutter. Verhöre des Morgens deine Kinder, laß sie beten, strafe, stäupe sie. Siehe, wie es im Hause zugeht und wie man kocht. Das sind lauter heilige Werke, denn du bist dazu berufen. Das heißt, ein heiliges Leben, welches in Gottes Wort und in der Berufung hingeht. A 37/480

Die zu einem Berufe gedrungen werden, haben den besten Beruf; die ihn aber freiwillig übernommen haben, nehmen ihn im Anfang gern an, werden aber später vom Teufel geplagt ... B 273

Aber gibt es denn nicht auch Menschen, die darauf pfeifen, sich in einem festen Beruf ihren Lebensunterhalt zu verdienen?

Die höchste Anfechtung (Versuchung) in der Welt ist es, daß niemand getreu seinem Beruf nachgeht, sondern alle möchten gern ein müßiges Leben führen. Ich selbst bin schon ganz erschöpft und werde voller Sorgen von vielen Aufgaben geplagt. Andere gehen müßig und wollen nichts tun. Ich bin der Meinung, wenn wir's nicht gezwungen tun müßten, so täten wir's auch nicht. B 272

Wie deuten Sie die biblische Redensart: »Viele sind berufen, aber wenige sind auserwählt.«?

Wir sollen mit fröhlichem Gewissen in unserem Berufe bleiben und wissen, daß durch solche Werke mehr ausgerichtet sei, als wenn jemand alle Klöster gestiftet und alle Orden gehalten hätte, und ob es gleich die allergeringste Hausarbeit ist. A 29/566

Dabei ist Vorsicht geboten, daß wir uns keine falsche Hoffnungen machen, die dem Wort Gottes und unserer Berufung widerstreiten. Wenn jemand nicht über die Brücke, sondern zu Fuß allein im Vertrauen auf Gott über die Elbe gehen wollte, der würde bestimmt ersaufen ... A 40 III/155

→ BETEN

Es gibt Fragen, die helfen, unseren Geist zu erleuchten, wenn Sie, Professor Luther, sie uns bitte beantworten. *Was* **bedeutet Beten?**

Wesen und Natur des Gebets ist nichts anderes als Erhebung des Gemüts oder Herzens vor Gott. A 2/85

Beten heißt, Gott in Nöten anrufen. F 81

Wer sollte beten?

Beten ist allein des Glaubens Werk, das niemand als ein Christ tun kann. A 45/681

Man kann einen Christen ohne Gebet ebensowenig finden wie einen lebendigen Menschen ohne den Puls, welcher niemals still steht, sich regt und immerdar für sich schlägt, wenn auch der Mensch schläft oder anderes tut, so daß er sein nicht gewahr wird. A 45/541

Wie soll man beten?

Nicht das heißt beten, wenn man in der Kirche steht, plärrt und plappert, sondern Angst lehret recht beten; wie man auch sagt: Hunger ist der beste Koch. A 24/ 571

Kurz soll man beten, aber oft und stark. A 32/418

Die Weise des Gebets ist, wenig Worte zu machen, aber viele (gute) Vorsätze und tiefe Gedanken zu hegen. Je weniger Worte, um so besseres Gebet; je mehr Worte, um so ärgeres Gebet. Wenig Worte und viele (gute) Vorsätze ist Christenart; viele Worte und wenig (gute) Vorsätze ist Heidenart. A 2/81

Ohne das Gebet des Herzens ist das Gebet der Lippen ein unnützes Gemurmel. Und wie das mündliche Gebet nicht zu verachten ist, so soll man Sorge tragen, daß es von dem Gebet des Herzens herrühre. A 5/584

Die heiligen Väter haben gesagt, daß nichts eine (größere) Arbeit sei als das Beten. Murmeln mit dem Munde ist leicht oder wenigstens als leicht angesehen. Aber mit Ernst des Herzens den Worten in gründlicher Andacht, in Begierde und Glauben folgen, daß das Herz ernstlich begehre, was die Worte enthalten, und nicht zweifle, es werde erhöret, das ist eine große Tat vor Gottes Augen. A 6/235

Beim Gebet soll keiner für sich allein und nur für sich beten, auch nicht nur um eine (bestimmte) Gabe, sondern man soll um alles und für alle beten. A 3/448

→ BIBEL

Wie sehen Sie, Professor Luther, Ihre Bibelübersetzungen – das Neue Testament 1521 auf der Wartburg aus dem griechischen ins deutsche und mehr als ein Jahrzehnt später das Alte Testament aus dem hebräischen – heute, mit großem zeitlichen Abstand?

Es glaubt niemand, was es uns an Arbeit gekostet hat ... F 49

30

Aber diese Bibel – daß ich mich zwar nicht lob, sondern das Werk lobt sich selber – ist so gut und köstlich, daß sie besser ist als alle Versionen, griechisch, lateinisch, und man findet mehr drinnen als in allen Kommentaren ... F 49

Ich hab nur Sorge, man werde nicht viel in der Bibel lesen, denn man ist ihr sehr überdrüssig, und denkt ihr niemand mehr nach. F 49

Aber die Bibel ist und bleibt doch wohl das Buch aller Bücher?

Die Bibel allein ist der rechte Herr und Meister über alle Schriften und Lehren auf Erden. A 7/317

Die Heilige Schrift ist voll von göttlichen Gaben und (Heils-) Taten. Alle Bücher der Heiden lehren eindeutig nichts vom Glauben, der Hoffnung und der Liebe; ja, sie wissen nicht einmal davon. Sie sehen allein auf das Gegenwärtige ... B 12

Die Heilige Schrift ist das Höchste, es ist ein göttliches Buch, voller Trost in allen Anfechtungen, denn es lehrt von Glaube, Hoffnung und Liebe anders, als es menschliche Vernunft sehen, fühlen und erfahren kann. Und gerade im Unglück lehrt es jene aufleuchten, damit sie uns zu erkennen geben, daß ein anderes Leben nach diesem Elend auf uns wartet. B 12

Was spricht für die Lebenskraft der Bibel?

Julius Cäsar, Augustus, Alexander, das Reich der Ägypter, Babylonier, Perser, Griechen und Römer sind hinweg, die alle gerade dieses Buch vertilgen und ausrotten wollten. Einzig und allein darauf richtete sich ihr Eifer, dieses Buch zu vernichten. Aber sie konnten es nicht. Unversehrt hat es sich gegen ihrer aller Absicht erhalten. Wer erhält es aber oder wer hätte es gegen eine so große Macht und Gewalt erhalten können? Mag sein Homer und Vergil sind altehrwürdige Bücher, aber nichts im Vergleich zur Bibel. B 11 f.

Was aber sagen Sie denen, die wider die Heilige Schrift reden?

Es ist auf Erden kein klareres Buch geschrieben als die Heilige Schrift; sie ist gegenüber anderen Büchern wie die Sonne im Vergleich mit jedem anderen Licht. Sie reden so nur deshalb, damit sie uns von der Schrift wegführen und sich selbst zu Meistern über uns erheben, daß wir ihren Traumpredigten glauben sollen. A 8/236

Wenn die Heilige Schrift ganz und gar schweigt, steht es uns nicht zu, etwas zu behaupten oder zu leugnen. Was die Heilige Schrift lehrt, leugnet oder als gewiß festsetzt, dem können auch wir unbesorgt nachgehen und es so lehren ... A 43/301

Man soll aber die Heilige Schrift nicht nach unserer Vernunft messen, richten, verstehen und deuten, sondern mit dem Gebet fleißig bedenken und ihr nachtrachten. B 19

Lasset uns die Bibel nur nicht verlieren, sondern sie lesen und predigen, denn wenn die Theologie blüht, so steht alles wohl und geht glücklich vonstatten, denn sie ist das Haupt aller Fakultäten und Künste: wenn sie darniederliegt, so gebe ich alles andere auf. B 19

Wie empfehlen Sie, Professor Luther, die Bibel als die ganze Heilige Schrift des Alten und des Neuen Testaments zu lesen?

Es ist kein Wort im Neuen Testament, das nicht auf das Alte (Testament) zurückblicke, wo es zuvor verkündigt ist ...

Das Neue Testament ist nicht mehr als eine Offenbarung des Alten; gleich, als wenn jemand zuerst einen verschlossenen Brief hätte und (ihn) dann aufbräche. So ist das Alte Testament ein Testamentsbrief Christi, den er nach seinem Tode hat öffnen, durchs Evangelium lesen und überall verkündigen lassen. A 10 I/181

Das Neue Testament ist ein Buch, darin das Evangelium und Gottes Verheißung, daneben auch die Geschichte sowohl derer, die daran glauben, als auch derer, die nicht daran glauben, geschrieben ist. A 6/2

Einem jeden Christen wäre zu raten, daß er die Hauptbücher des Neuen Testaments am ersten und allermeisten läse und durch tägliches Lesen (sich) so gemein machte wie das tägliche Brot. A 6/10

Fürwahr, du kannst nicht zu viel in der Schrift lesen; und was du liest, kannst du nicht zu gut lesen; was du gut liest, kannst du nicht zu gut verstehen; was du gut verstehst, kannst du nicht zu gut lehren; was du gut lehrst, kannst du nicht zu gut leben. A 53/218

Von der Heiligen Schrift meine niemand, eine zureichende Kostprobe genommen zu haben, er hätte denn hundert Jahre lang zusammen mit den Propheten wie Elia und Elisa, mit Johannes dem Täufer, Christus und den Aposteln die Gemeinden geleitet. F 38

Die Heilige Schrift will mit großer Aufmerksamkeit und mit Fleiß gelesen werden. A 2/511

Wer wollte bezweifeln, daß Sie sich ebendiese Empfehlungen immer zu eigen machten!

Ich habe nun seit etlichen Jahren die Bibel jährlich zweimal ausgelesen, und wenn die Bibel ein großer mächtiger Baum wäre und alle Worte die Ästlein, so habe ich alle Ästlein abgeklopft und wollte gerne wissen, was daran wäre und was sie trügen. Und allezeit habe ich noch ein paar Äpfel oder Birnen heruntergeklopft. B 10

Ich will die Schrift aufs allerbeständigste und zum ersten haben, danach alles andere nehmen und lassen, was mich die Schrift lehrt, es habe geschrieben, wer da wolle. A 6/586

→ BORDELL

Herr Doktor Martinus, halten Sie die käufliche Liebe in den Bordellen ebenfalls für eine verdammenswerte Schande?

Über Bordelle überhaupt zu disputieren, wie man sie in großen Städten duldet, ist empörend. Denn das ist offenbar gegen Gottes Gesetz; und die sollen für Heiden gehalten werden, die diese Schande öffentlich dulden. A 43/60

Aber hat es denn nicht auch sein Gutes, indem der hurische Beischlaf das Fremdgehen verhütet?

Es ist abgeschmackt zu sagen, es geschähen so desto weniger Schändungen und Ehebrüche. Denn ein Jüngling, der mit Huren umgeht und erst einmal die Scham überwunden hat, wird sich, wenn sich die Gelegenheit bietet, weder von Eheweibern noch Jungfrauen fernhalten. Auf diese Weise wird die Unzucht eher gefördert als geheilt. So bietet sich für die eine Gelegenheit zur Sünde, die sich – bei fehlender Gelegenheit – wohl enthalten würden. A 43/60

→ BROT

Die Christen bitten im Vaterunser ihren Gott: »Unser täglich Brot gib uns heute!« Was ist mit diesem Gebet gemeint, Professor Luther?

Ein Mensch hat zweierlei Brot. Das erste und beste Brot, das vom Himmel kommt, ist das Brot Gottes. Das andere und geringere ist das zeitliche Brot, das aus der Erde wächst. A 52/173

Was geschieht, wenn man nur dieses, aber nicht jenes hat?

Wenn ich nun das erste und beste Himmelsbrot habe und lasse mich davon nicht abbringen, so wird jenes zeitliche Brot auch nicht fehlen, noch fernbleiben. Es müßten eher die Steine zu Brot werden. Die andern aber, die das himmlische Brot fahren lassen und sich allein des zeitlichen annehmen, die legen sich hin und sterben, wenn sie den Bauch voll haben. Sie können das Gut nicht ganz und gar auffressen, sondern müssen es hinter sich lassen und dort ewig Hungers sterben. So soll es aber nicht sein. Darum, wenn dich gleich der Teufel durch Verfolgung, Hunger, Kummer anficht, leide es und faste mit Christus, weil dich der Geist so treibet. Alsdann werden die lieben Engel kommen und deine Tischdiener werden. A 52/173

→ BÜCHER

Unsere Zeit sei höchst bemessen, meinte ein Weiser, und deshalb wünschte er, wir mögen sie nutzen, um die guten Bücher zu lesen. Was wünschen Sie sich, Herr Luther?

Wenn Wünsche helfen würden, wäre nichts Besseres zu wünschen, als daß schlechterdings alle Bücher abgetan würden und bei aller Welt, besonders bei den Christen, nichts bliebe als die bloße lautere Schrift oder Bibel. Es ist mehr als genug darin an allerlei Kunst und Lehre, die einem Menschen nutzen, und die er wissen muß, aber das Wünschen ist nun umsonst; wollte Gott, es gäbe nur wenige Bücher neben der Schrift. A 10 I/627

Was bedeutet's, daß man viele Bücher macht und doch dem rechten Hauptbuch immer fernbleibt? Trink doch vielmehr aus dem Brunnen selbst, als aus den Flüßlein, die dich zum Brunnen geleitet haben. A 10 III/176

Und Sie selbst haben sich immer daran gehalten?

Als ich jung war, gewöhnte ich mich an die Bibel; ich las sie oft und machte sie mir genau vertraut. Danach erst las ich auch die Schriftsteller. Aber ich mußte sie zuletzt alle beiseite lassen und mich mit der Bibel abquälen, denn es ist viel besser, mit eigenen als mit fremden Augen zu sehen. Deshalb möchte ich auch wünschen, daß all meine Bücher um des schlechten Beispiels willen begraben wären, denn sonst will mir ein jeder nachfolgen. Sie wollen dadurch berühmt werden, gleichsam als wäre Christus um unseres eitlen Ruhmes willen gestorben und nicht, daß allein sein Name geheiligt würde. B 13

Ist es nicht ein Widerspruch, Herr Doktor Luther, wenn Sie einerseits über zu viele Bücher und Schriftsteller klagen, die um ihrer Gewinnsucht willen »ein unendliches Meer von Büchern« schreiben, andererseits aber mehr Bibliotheken fordern?

Man soll wohl denken, ... daß man weder Fleiß noch Kosten spare, besonders in den großen Städten, gute Bibliotheken einzurichten, denn wenn das Evangelium und allerlei Kunst bleiben soll, muß es ja in den Büchern und Schriften verfaßt und angebunden sein ... Und das nicht allein darum, daß diejenigen, die uns geistlich und weltlich leiten sollen, zu lesen und zu studieren haben, sondern damit auch die guten Bücher erhalten werden und samt der Kunst und den Sprachen nicht verlorengehen. A 15/49

→ CHRISTEN

Was erwarten Sie von einem Christen, Herr Doktor Luther?

Ein christlich Wesen besteht allein in diesen zwei Stücken: im Glauben und in der Liebe. A 17 II/457

Zu einem Christen gehört es, daß er in der größten Schwachheit am stärksten, in der größten Torheit am weisesten ist. Das eine den Sinnen nach, das andere durch den Glauben. B 248

Ein Christ sein ist, das Evangelium haben und daran glauben. Dieser Glaube bringt Vergebung der Sünden und Gottes Gnade. B 29

Ein Christ ist ein solcher Mensch, der weder Haß noch Feindschaft gegen jemand kennt, keinen Zorn noch Rache in seinem Herzen hat, sondern eitle Liebe, Sanftmut und Wohltat. A 32/398

Willst du als ein rechtschaffener Christ vor Gott und der Welt gelten, der nicht allein Christus auf der Zunge trage, noch auf dem Papier oder im Buche geschrieben lese, sondern ihn gründlich im Herzen habe, so denke, daß du es mit der Tat und im Leben vor jedermann beweist, daß deine Liebe den andern diene und helfe. A 36/420

Ein Christ soll wenig Worte und viele Taten machen, was er denn gewißlich tut, wenn er ein rechter Christ ist. Tut er aber nicht so, dann ist er noch nicht ein rechter Christ. A 10 I/1

Wie also sollte ein Christ leben?

Hier auf Erden lebt ein Christ nach dem Leibe wie ein anderer Mensch: ißt und trinkt, arbeitet und richtet seine Geschäfte aus; aber sein Herz, Sinn und Gedanken stehen dahin, daß er im Himmel ewig selig sein möge und solcher Hoffnung gewiß sei. A 45/214

In diesem beiden besteht das ganze christliche Leben: Glaube an Gott und hilf deinem Nächsten! Das lehrt das ganze Evangelium. Das sollen die Eltern ihren Kindern im Hause allenthalben sagen, auch die Kinder untereinander sollen solche Worte stets treiben. A 10 III/361

Das christliche Leben ist nicht Frommsein, sondern ein Frommwerden; nicht Gesundsein, sondern ein Gesundwerden; nicht Sein, sondern ein Werden; nicht Ruhe, sondern eine Übung. Wir sind es noch nicht, wir werden es aber. Es ist noch nicht getan und geschehen, es ist aber der Weg ... A 7/336

Ein Christ sollte in diesem Reim:
    Ich lebe und weiß nicht wie lang,
    ich muß sterben, weiß auch nicht wann,
    ich fahr von dannen, weiß nicht wohin,
    mich wundert, daß ich so fröhlich bin,
die zwei letzten Verse ändern und mit fröhlichem Mund und Herzen reimen:
    Ich fahr, ich weiß, Gott Lob! wohin,
    mich wundert, daß ich so traurig bin. A 48/ 159

→ DANKBARKEIT

Würden Sie dem zustimmen, der da meint, die Dankbarkeit sei in den Himmel gestiegen und habe die Leiter mitgenommen?

So schändlich lebt kein Tier, auch keine Sau, wie die Welt lebt, denn eine Sau kennt doch die Frau oder Magd, von welcher sie die Treber, Kleie oder das Futter zu fressen kriegt, läuft ihr nach und schreit ihr nach. Aber die Welt kennt und achtet Gott gar nicht, der ihr so reichlich und überschwenglich wohltut; geschweige denn, daß sie ihm dafür danken und loben sollte. A 31 I/434

Was erwarten Sie also von einem guten Christen?

Das gehört zu einem christlichen Herzen, daß es sich dankbar erweise, nicht allein und vor allem Gott gegenüber, sondern auch den Menschen. A 45/195

→ EHE

Was sagen Sie denen, Professor Luther, die dem Zölibat das Wort reden, also die eheliche Enthaltsamkeit verlangen?

Was soll's doch sein, daß man die Ehe verbietet und verdammt, die doch natürlich rechtens ist? Gleich, als wenn man verbieten wollte Essen, Trinken, Schlafen usw. Das sei ferne! Denn was Gott geschaffen und geordnet hat, das steht nicht in unser Willkür, daß wir's annehmen oder verbieten möchten. Wir werden Gott nicht meistern oder werden Schande einlegen, wie man bisher erfahren hat. H 40

Gott hat die Ehe selbst eingesetzt, darum gefällt ihm der Stand an sich mit all seinem Wesen, Werken, Leiden und was darinnen ist. A 10 II/294

Gleichwie es notwendig ein strenges Gebot ist, da Gott spricht: »Du sollst nicht töten; du sollst nicht ehebrechen«; ebenso notwendig und ein strenges Gebot, ja noch viel notwendiger und ein strengeres Gebot ist es, du sollst ehelich sein, du sollst ein Weib haben, du sollst einen Mann haben. A 30 II/61

Der Ehestand ist nicht allein anderen Ständen gleichgesetzt, sondern er geht vor und über sie alle, es seien Kaiser, Fürsten, Bischöfe und wer sie wollen, denn es ist nicht ein besonderer, sondern der allgemeinste, edelste Stand, der durch den ganzen Christenstand, ja durch alle Welt geht und reicht. A 30 I/162

Es ist die Ehe die Grundlage des Hauswesens, der öffentlichen Ordnung und der Religion. B 279

Die höchste Gnade Gottes ist's, wenn im Ehestand Eheleute einander herzlich, stets für und für lieb haben. H 34

Also gilt für den Ehestand auch die Maxime: Liebet und mehret euch?

Der Ehestand ist nach der Religion der fürnehmste Stand auf Erden ... Man muß hier mehr sehen auf Gottes Ordnung und Befehl, um der Generation willen, Kinder zu zeugen. H 35

Die Begierde kommt ohne besonderen Anlaß, wie Flöhe und Läuse; Liebe aber ist dann da, wenn wir anderen dienen wollen. B 286

Ohne Sünde kann man der Weiber nicht entbehren; man muß sie haben! Der Ehestand aber ist Gottes Ordnung und Kreatur;

drum ist's nicht des Teufels Eingeben, wenn einer ein frommes Mägdlein mit Ehren lieb hat und begehrt sie zu freien. H 35

Darf es denn nur ein gläubiger Christenmensch sein, den ich eheliche?

Die Ehe ist ein äußerlich leiblich Ding wie andere weltliche Hantierungen. Wie ich nun mit einem Heiden, Juden, Türken, Ketzer essen, trinken, schlafen, gehen, reiten, kaufen, reden und handeln kann, so kann ich auch mit ihm ehelich werden und bleiben. Und kehre dich an der Narren Gesetze, die das verbieten, nicht. A 10 II/283

Was empfehlen Sie außerdem zu beachten, Herr Doktor Martinus?

Wenn man heiraten will, soll man nicht nach dem Vater, sondern nach dem Leumund der Mutter des jungen Mädchens fragen. Warum? Weil das Bier im allgemeinen nach dem Faß riecht. B 286

Was alles ist zu tun, damit der nicht recht behalte, welcher da behauptet, die Ehe sei das einzige Glücksspiel, zu der die Kirche ihren Segen gibt, oder auch, die Ehe sei die Hauptursache aller Scheidungen?

Wenn man den Ehestand göttlich und christlich anfangen will, so gehören drei Stücke dazu. Zum ersten, daß man ihn im Glauben anfange. Zum andern, daß man Gott um ein fromm Ehegemahl bitte und anrufe. Zum dritten, daß man danach mit Vorwissen und Willen der Eltern freie. A 17 I/17

Ein Weib ist bald genommen; aber es stets liebzuhaben, das ist schwer und Gottes Gabe, und wer das hat, der mag unserm Herrgott wohl dafür danken. B 281

Wenn in der Ehe weder der Mann der Frau noch die Frau dem Manne etwas nachsehen will – natürlich abgesehen von den Fällen, die die eheliche Gemeinschaft gefährden –, dann wird bald der Ehestand zu einer Tyrannei und alles verdirbt.

A 40 III/215

Die Treue macht wesentlich das eheliche Leben aus und ist vornehmlich das ganze eheliche Leben; die Treue, die sie einander verheißen haben. So reden sie davon. Darum besteht das eheliche Leben nicht darin, daß sie einander lieb haben, sonst wären Huren und Buben auch ehelich; sondern es besteht in der Treue, daß einer zum andern sagt: Ich bin dein und du bist mein. Das ist Ehe. A 9/216

An welche Pflichten erinnern Sie die beiden Eheleute besonders?

Ein jeder soll in der Ehe sein Amt ausrichten. Der Mann soll erwerben, das Weib aber soll ersparen. Darum kann das Weib den Mann wohl reich machen, und nicht der Mann das Weib, denn der ersparte Pfennig ist besser als der erworbene. So ist sparsam sein das beste Einkommen. B 289

Es ist zunehmend so, daß Heiraten und Scheiden zwei Seiten einer Medaille sind. Welche Ursachen sehen Sie für die vielen gescheiterten Ehen?

Drei Ursachen weiß ich, die Mann und Weib voneinander scheiden. Die erste: wenn Mann oder Weib der Gliedmaßen oder der Natur halber untüchtig zur Ehe ist. Die andere ist Ehebruch ... Die dritte Ursache ist, wenn sich eins dem andern selbst beraubt und entzieht, daß er die eheliche Pflicht nicht zahlen noch bei ihm sein will ... Über diese drei Ursachen ist noch eine, die Mann und Weib voneinander scheiden läßt. Die ist, wenn Mann und Weib sich nicht wegen der ehelichen Pflicht, sondern um anderer Sachen willen nicht vertragen. A 10 II/287

Es ist eine große Unordnung und Schwachheit in unserm Fleisch und Blut. Vor der Ehe sind wir voller Leidenschaft und werden schier verrückt nach dem Weib. Nach der Hochzeit aber werden wir ihrer müde und überdrüssig. D 68

Das ist ein seliger Mann, der eine gute Ehe hat, obwohl das eine seltene Gabe ist. Und das ist ein gemarterter Mann, dessen Weib und Magd nichts von der Küche versteh'n. Das ist nämlich die erste Kalamität, aus der viele andere Übel folgen. D 70

Es ist eine große Sache, wenn einer ein Mädchen immer lieben kann, denn der Teufel läßt es selten zu. Sind sie voneinander, so leidet er's nicht, sind sie beieinander, so leidet er's auch nicht. Wie man zu sagen pflegt: ich kann weder mit dir leben noch ohne dich. Darum soll man fleißig beten. Ich habe viele Eheleute kennengelernt, die einander so begehrt haben, daß sie einander vor Liebe am liebsten aufgefressen hätten. Aber nach einem halben Jahr war's aus. Zuerst brennen sie vor Begierde, dann sind sie kalt und voller Haß. D 72

Darf nicht der die Bande der Ehe lösen, dessen Gemahl durch Krankheit unfähig geworden ist, seinen ehelichen Pflichten nachzukommen?

Beileibe nicht, sondern er diene Gott in dem Kranken und warte sein; denke, daß dir Gott an ihm etwas in dein Haus geschickt hat, womit du den Himmel erwerben sollst. Selig und aberselig bist du, wenn du solche Gabe und Gnade erkennst und deinem Gemahl so um Gottes willen dienst. Sagst du aber, ja ich kann mich nicht enthalten, da lügst du!

A 10 II/291

Ist nicht der Ehebruch ein besonders teuflisches Werk?

Der Ehebruch ist der größte Raub und Diebstahl auf Erden, denn er gibt den lebendigen Leib dahin, der nicht sein ist, und nimmt auch einen lebendigen Leib, der ebenso nicht sein ist. A 12/101

Und wo sehen Sie die Ursachen für solcherart »erotischen Menschenraub«?

Das ist die größte Ursache für den Ehebruch ..., daß man in seinem Gemahl nicht Gottes Wort ansieht, das einem Gott gibt und segnet, sondern indessen die Augen aufsperrt, wo man eine andere sieht; dort hängt dann bald das Herz den Augen nach, daß auch die Lust und Begierde sich hinzugesellen, die ich allein zu meinem Weib haben sollte. A 32/371

Viele sehen ihr Heil in der Ehescheidung. Aber steht das nicht im Widerspruch zu dem Bibelwort: »Was Gott zusammengefügt hat, soll der Mensch nicht scheiden.«?

Die Christen sein wollen, sollen sich nicht scheiden lassen, sondern ein jeglicher behalte sein Gemahl, leide und trage Gutes und Böses mit ihm, wenn er gleich wunderlich, seltsam und gebrechlich ist, oder wenn er sich scheiden läßt, dann bleibe er ohne Ehe. Man darf nicht aus dem Ehestande eine Freiheit machen, als stünde es in unserer Gewalt, damit zu fahren, wechseln und wandeln, wie wir wollen ... A 32/378

Es ist sehr gut, daß Gott nicht will, daß die Ehe zerrissen werde, denn sonst würde sie zugrunde gehen und aufhören, die Sorge für die Kinder würde in Gefahr geraten, und der Hausstand würde fallen, und danach würde auch das Weltregiment und die Religion vernachlässigt werden. B 286

Den Ehegemahl – gut oder schlecht – mußt du behalten. Denn es heißt: hast du mich genommen, so mußt du mich behalten, es sei dir lieb oder leid. A 17 I/21

Was meinen Sie, Herr Doktor Luther, weshalb immer mehr Leute den Ehestand meiden wie der Teufel das Weihwasser?

Das sind die Nöte der Ehe, um derentwillen sich jeder vor der Ehe scheut. Wir fürchten uns alle vor dem Eigensinn der Frauen, vor dem Geschrei der Kinder, vor den Sorgen und vor schlechten Nachbarn. Deshalb wollen wir gern frei sein und nicht gebunden. Wir wollen freie Herren bleiben und gehen (lieber) zu einer Dirne ... B 279

→ **EHRLICHKEIT**

Stimmen Sie dem zu, der da meint: Ehrlichkeit sei ein schönes Juwel, aber ganz außer Mode?

Hast du etwas getan, so bekenne es mir; so ist die Sache schon in Ordnung. Ich hasse am meisten die, welche sich vergehen und es dann nicht zugeben. So ist aber die Welt: etwas tun und dann abstreiten. Weder Gott noch die Welt kann so etwas leiden. Deshalb sagte David: Ich will dem Herrn meine Übertretungen bekennen. Und Cicero schreibt in seinem Buch über die Grenzen des Guten und des Bösen: Das Maß, wonach die Strafe zugemessen wird, richtet sich danach, ob ein Schuldbekenntnis vorliegt. Ach, nur frei bekannt, so wird der Sache Rat! B 245

→ ELTERN

Jemand meint, wie die Quelle, so sei der Bach, und wie die Eltern, so die Kinder. Meinen Sie das als Familienvater ebenfalls, Herr Luther?

Ohne Zweifel sind Vater und Mutter für die Kinder Apostel, Bischof und Pfarrer, weil sie ihnen das Evangelium verkündigen. In Kürze: es gibt keine größere und edlere Gewalt auf Erden als die der Eltern über ihre Kinder, zumal sie geistliche und weltliche Gewalt über sie haben. A 10 II/301

Heißt das, der Eltern Wort gehe über Gottes Wort?

Obwohl keine größere Gewalt auf Erden ist als die des Vaters und der Mutter, so ist sie doch am Ende, wenn Gottes Wort und Werk anfangen, denn in göttlichen Sachen sollen weder Vater noch Mutter, geschweige denn ein Bischof oder irgendein Mensch, sondern allein Gottes Wort lehren und führen ... Vater und Mutter sind von Gott gemacht, daß sie die Kinder nicht nach ihrem Gutdünken und eigener Andacht lehren und zu Gott führen sollen, sondern nach den Geboten Gottes ... A 17 II/67

Wie sollten Eltern ihre Kinder erziehen und wie nicht?

Das sollen Eltern wissen, daß sie Gott, der Christenheit, aller Welt, sich selbst und ihren Kindern kein besseres Werk und Nutzen schaffen können, als wenn sie ihre Kinder gut erziehen ... So ist wiederum die Hölle nicht leichter verdient als an seinen eigenen Kindern, können auch nicht leicht ein schädlicheres Werk tun, als daß sie die Kinder vernachlässigen, sie fluchen lassen, schwören, schändliche Worte und Liedlein lehren und (sie) nach ihrem Willen leben (lassen). A 2/169

Die Eltern sind allein darauf bedacht, wie sie die Kinder schmücken und machen, daß sie vor der Welt angesehen werden, bereiten ihnen Reichtum, hängen dem Drecksack Gold an den Hals, kaum daß er gehen kann. So wollen die Eltern nicht, daß man es strafe. Denn so will die natürliche Liebe immer im Weltlichen bleiben und überklug sein. Sie will nichts haben, sieht's auch nicht gern, daß man die Kinder stäupt (straft). A 9/218

Haben Sie einen besonderen Rat für die Väter?

Ein Vater soll sein Kind strafen wie ein Richter, lehren wie ein Doktor, ihm predigen wie ein Pfarrer oder Bischof. A 16/504

→ ERZIEHUNG

Können Sie dem zustimmen, der da mit spitzer Zunge verkündet, Erziehung sei jenes Verfahren, mit dem man den Kindern die eigenen Fehler beibringt?

Man soll ein Kind erziehen, so lange Hoffnung da ist. Wenn man aber sieht, daß keine Hoffnung da ist, daß es etwas lernt, dann soll man das Kind darum nicht totschlagen, sondern es an etwas anderes gewöhnen. Ein Teil der Lehrer ist so grausam wie die Henker. B 293

Ist Ihnen als Kind Ähnliches selbst widerfahren?

Auch ich wurde einmal vormittags fünfzehnmal ohne alle Schuld geschlagen: ich sollte deklinieren und konjugieren und hatte es nicht gelernt. B 293

Mein Vater stäupte (strafte) mich einmal so sehr, daß ich ihn floh und daß ihm bange war, bis er mich wieder zu sich gewöhnte. Ich wollte auch nicht gern meinen Sohn sehr schlagen, sonst würde er verschüchtert und mir feindlich, so wüßt ich kein größer Leid. Unser Herrgott wollt auch nicht gern, daß wir ihm feindlich würden. C 88

Meine Eltern straften mich sehr streng, so daß ich verschüchtert wurde. Meine Mutter stäupte mich um einer einzigen Nuß willen bis aufs Blut. Man muß so strafen, daß der Apfel bei der Ruten sei. Es ist übel, wenn Kinder und Schüler zu Eltern und Lehrern den Mut verlieren. C 88

Bedeutet denn Kindererziehung nicht sehr viel mehr als nur Strafen oder ihnen gar körperlich Schlimmes zuzufügen?

Man soll ein Kind strafen, aber man soll ihm auch zu essen und zu trinken geben, damit man sieht, daß man es gern brav hätte. So sagt Salomo: »Züchtige deinen Sohn ..., aber laß deine Seele nicht bewegt werden, ihn zu töten.« B 293

Gute Worte und Strafe gehören zusammen. Man muß freundlich zu den Leuten sein, aber nichtsdestotrotz auch immer daneben strafen! B 293

Mit Verlaub, Herr Doktor Luther, haben Sie sich bei der Erziehung ihrer eigenen Kinder immer an diese wohlfeilen Verkündigungen gehalten?

Ich will lieber einen toten Sohn denn einen ungezogenen haben. Paulus hat nicht umsonst gesagt, daß ein Bischof ein solcher sein müßte, der seinem Hause wohl vorstünde und seine Kinder gut erzöge, damit andere sich daran erbauten und nicht ärgerten. Wir in gehobener Stellung müssen alle ein Vorbild sein, und unsere aus der Art geschlagenen Kinder sind anderen zum Ärgernis ... Daher müssen sie gezüchtigt werden, und man darf nicht durch die Finger sehen (nicht Nachsicht üben). C 88

Meinen Sie nicht auch, daß das Maß zu strafen vom Maße des Vergehens abhängig zu machen sei?

Diebstahl soll man den Kindern nicht hingehen lassen, aber doch Milde walten lassen, wenn's sich um Kirschen und Äpfel handelt. Solche Kindereien sind nicht so streng zu bestrafen. Wenn man aber Geld, Röcke, Kasten will angreifen, da ist Zeit zu strafen. C 88

→ EUROPÄER

Jetzt ist nun Ihr grenzenloser Ein- und Weitblick gefragt, Herr Professor Luther. Es geht um die Europäer. Ihre Staaten wurden mehrfach gespalten und geeint durch Kriege. Vielleicht kommt, so Gott will, irgendwann einmal die Einigung Europas ganz ohne Krieg. Weiß der Himmel, ob sich dann auch so etwas wie ein »europäischer Einheitsmensch« herausbildet. Heute jedenfalls haben die Menschen der verschiedenen Völker so ihre Besonderheiten. Wie sehen Sie denn uns selbst, die Deutschen?

Ein Deutscher hat das Gebaren eines Gladiators, den Gang eines Hahns, ungezügelte Mienen, die Stimme eines Rindviehs, wilde Lebensart, ungefüge und hölzerne Haltung. F 178

Es ist keine verachtetere Nation, denn die Deutschen. Italiener heißen uns Bestien; Frankreich und England spotten unser und alle anderen Länder. H 56

Alles bringen wir durch und verschwenden's und geben's aus für unnützes Zeug wie überflüssige Kleidung, Seidenwerk, für Fressen und Saufen. Die Fugger und die Messen in Frankfurt wissen das ganz genau, daß wir unser Geld für dummes Zeug ausgeben und verschleudern. Wir sind untreu und glauben nicht, daß es einen Gott gibt. D 91

So, so. Und die Franzosen?

Ein Franzose hat geschmeidige Gebärden, tritt besonnen auf, hat ein zartes Gesicht, eine liebliche Stimme, flüssige Redeweise, bescheidene Lebensart, lockere Haltung. F 178

Haben Sie eine solche Lobpreisung auch für die Spanier und Italiener parat?

Ein Spanier ist heiter in Gang, Lebensart und Gebärde, hat ein stolzes Gesicht, eine weinerliche Stimme, eine feine Art zu reden, ausgezeichnete Haltung. Ein Italiener hat einen bedächtigen Gang, gesetztes Gebaren, unbeständiges Mienenspiel, eine angenehme Stimme, einnehmende Redeweise, hochherzige Lebensart, gemessene Haltung. F 178

Viel gutes Haar lassen Sie ja an uns Deutschen nicht, Herr Doktor Martinus. Woran fehlt's uns denn in Sonderheit?

Den Deutschen fehlt es an nichts, sie haben alles. Aber weil es den Deutschen an der rechten Kenntnis der Dinge und an der Sorgfalt fehlt, deshalb haben sie nichts, denn sie verstehen dies, was sie haben, nicht recht anzuwenden. B 213

Deutschland ist wie ein schöner, feuriger Hengst, der an Futter und allem, was er braucht, genug hat. Es fehlt ihm aber ein Reiter. Aber so wie ein starkes Pferd ohne einen Reiter, der es beherrscht, hin und wieder in die Irre läuft, so ist es auch mit Deutschland: es hat mächtige und starke Leute, es fehlt ihm aber ein Haupt und Regent. D 91

→ EVANGELIUM

Weil viele das Wort *Evangelium* im Munde führen, ohne so recht zu wissen, was es bedeutet, bitten wir Sie, Professor Luther, es uns erklärend zu verkünden!

Das Wort Evangelium ist griechisch und heißt auf deutsch »fröhliche Botschaft«, denn darin wird die heilsame Lehre des Lebens durch göttliche Zusagung verkündigt und die Gnade und Vergebung der Sünde angeboten. Darum gehören zum Evangelium nicht Werke; denn es ist nicht Gesetz, sondern allein Glaube; denn es ist einzig und allein die Zusage und das Angebot der göttlichen Gnade. Wer nun daran glaubt, der empfängt die Gnade und den heiligen Geist. A 10 1/2

Die Predigt von der Vergebung der Sünden durch den Namen Christi, das ist das Evangelium. A 2/466

Und was ist damit beabsichtigt?

Das Evangelium soll nichts anderes tun, als das Gewissen festigen, das Herz rühren und den Glauben stärken; die anderen Lehren sind nichts als heidnische Statuten über den Leib.
A 45/383

In der Kirche soll man nichts mit größerer Sorgfalt betreiben, als das heilige Evangelium, da ja die Kirche nichts Köstlicheres und Heilsameres hat. A 1/604

→ FAULHEIT

Was tun, wenn manche Leute nichts lieber tun als nichts tun?

Leute, die weder wehren noch nähren, sondern nur zehren, faulenzen und müßig gehen können, sollte der Fürst im Lande nicht leiden, sondern aus dem Lande jagen oder zur Arbeit anhalten, gleichwie die Bienen tun. Die stechen die Hummeln weg, welche nicht arbeiten und den anderen Bienen ihren Honig auffressen. A 19/654

→ FRAUEN

Was halten Sie von dem alten deutschen Sprichwort, die Frauen seien an allem Elend schuld, aber das größte Elend sei, daß man sie nicht entbehren kann?

Ohne Frauen könnte es keinen Ehestand geben. Das beste Mittel gegen die Unzucht ist es, zu heiraten. Eine Frau ist der beste Gefährte fürs Leben. Frauen bringen die Kinder zur Welt, sie erziehen sie, und sie regieren im Haus. Sie sind zur Barmherzigkeit geneigt; denn sie sind von Gott dazu geschaffen, Kinder zu gebären, die Männer zu erfreuen, barmherzig zu sein. B 291

Ein Weib ist ein freundlicher, holdseliger und unterhaltender Lebenskamerad ... Sie teilen ordentlich ein, was der Mann heimbringt, daß nichts unnütz vertan wird, und jeder bekommt, was ihm gebührt. Daher werden sie auch vom Heiligen Geist »Ehre des Hauses« genannt, daß sie des Hauses Ehre, Schmuck und Zierde sein sollen. D 78

Am Weibe findet man viele Vorzüge zugleich: den Segen des Herrn, die Nachkommenschaft, die Vertrautheit mit den Dingen, was alles so große Gaben sind, daß sie einen wohl erdrücken könnten. Stellt euch vor, es gäbe das weibliche Geschlecht nicht. Das Haus, und was zum Haushalt gehört, würde zusammenstürzen, die Staaten und die Gemeinden gingen zugrunde. Die Welt kann also ohne Frauen nicht bestehen, sogar wenn die Männer die Kinder selbst auf die Welt bringen könnten. B 291

Welche Gedanken verknüpfen Sie mit der weiblichen Brust?

Brüste sind eines Weibes Schmuck, wenn sie ihre Proportion haben; große und fleischliche sind nicht am besten, sie stehen auch nicht besonders gut, verheißen viel und geben wenig. Aber die Brüste, die voller Adern und Nerven sind, wenn sie auch klein sind, stehen auch den Weibern gut und haben viel Milch, damit sie die Kinder stillen können. D 79

Wie aber kommt man nun an solch eine Krone der Schöpfung?

Ein gutes Weib wird einem nicht zufällig und ohne göttliche Schickung zuteil, sondern es ist ein Gabe (Gottes), welche nicht aus unserem eigenen Rat oder Willen herkommt, wie die Heiden meinen. A 43/377

Wo sehen Sie die Gründe, daß sich manche Weiber die Männer zum Feind machen?

Es gibt nichts Unerträglicheres als ein reiches und herrschsüchtiges Weib, denn da muß der Mann dem Regiment und Willen seines Weibes folgen; oder mindestens jedenfalls überwinden und machen die Weiber durch ihre Schmeicheleien solche Männer gefügig, die in Liebe gefangen sind. A 43/312

Weibern, die da Herren im Hause sein wollen, zu dienen, ist nicht allein lästig, sondern auch schändlich; sie sollen nicht

53

über die Männer, sondern über Kinder, Schafe und Esel herrschen. A 43/312

Meine Frau kann mich überreden, sooft es ihr beliebt, denn sie hat in ihrer Hand allein die ganze Herrschaft. Ich gestehe ihr zwar gern die ganze Herrschaft im Hauswesen zu, aber ich will mein Recht auch unverletzt und uneingeschränkt haben, und Weiberregiment hat nie etwas Gutes ausgerichtet. B 290

Es ist kein Rock noch Kleid, das einer Frau oder Jungfrau schlechter paßt, als daß sie klug sein will. D 101

Auf Erden ist keine größere Plage als ein böses, eigensinniges und wunderliches Weib. D 76

Was halten Sie von der Zungenfertigkeit der Frauen?

Weiber haben glatte Mäuler. A 23/575

Frauen reden über die Dinge des Haushalts mit großer Liebe und außerordentlicher Beredsamkeit. Was sie mit der Beredsamkeit nicht erreichen können, das setzen sie mit Tränen durch. Zu solcher Zungenfertigkeit sind sie wie geschaffen, denn sie sind darin viel geschickter als wir, die wir erst durch lange Übung und Beschäftigung dazu kommen. Aber wenn sie über ihre Haushaltsfragen hinaus über öffentliche Angelegenheiten reden, so taugt das nichts. Denn wenn es ihnen auch an Worten nicht fehlt, so fehlt es ihnen doch am richtigen Verständnis für die Sache – aber sie reden. Wenn sie daher über öffentliche Fragen sprechen, so ist das so wirr und unpassend, daß nichts darüber hinaus geht. Daher ist klar, daß die Frau für den Haushalt geschaffen ist, der Mann aber für das öffentliche Leben, für Kriegs- und Rechtsgeschäfte. B 290 f.

Was sollte ein Mann seiner Frau nicht antun?

Das tut einem frommen Weibe sehr weh, wenn sie sieht, daß sie von ihrem Manne vernachlässigt wird. Unrecht von Seiten anderer kann sie viel leichter verwinden, wenn sie nur der Mann freundlich mit Liebe umgibt, denn die Liebe des Mannes bedeutet für die Frau das Leben … Wenn der Mann traurig, wunderlich, schwierig und zornig ist, das tut einem frommen Weibe mehr weh als der Tod selbst, denn sie will gerne von ihrem Manne erfreut werden und fürchtet sich vor Nichtachtung wie vor der Finsternis und vor dem größten Unglück. A 43/646

Welchen Rat würden Sie, Herr Doktor Martinus, nun summa summarum geben?

Wenn du kein Weib brauchst, was nur du selbst prüfen kannst, dann nimm kein Weib. Wenn du aber vor Begierde brennst und dich dein Fleisch in Versuchung führt, was tust du dann so lang herum, dann nimm dir doch ein Weib … Daß du aber gern eine Schöne, Fromme und Reiche haben willst, eia, mein Lieber! Man sollte dir eine malen: mit roten Wangen und weißen Beinen. Das sind auch die Frömmsten, aber sie kochen nicht gut und sind schlecht im Bett. Es wird dir wie den Nonnen gehen, zu denen man geschnitzte Jesusse gelegt hat. Sie haben sich nach anderen Männern umgesehen, die lebendig waren und ihnen besser gefielen, und haben gesehen, daß sie bald wieder aus dem Kloster kommen. Ob nun ein Weib fromm oder bös sein wird, das liegt allein an Gott. Darum ist die Erfahrung immer noch der beste Rat. Der Markt wird dich schon das Kaufen lehren, danach richte dich. Früh aufstehen und jung gefreit hat noch niemand gereut. D 65 f.

Ich empfehle, daß du dir den Rat vor allem bei dir selber holen sollst, damit du niemanden zu beschuldigen hast, wenn alles schief geht. Und der, der alle Räder treibt, nämlich Gott, wird deiner spotten. Das rate ich dir. D 65 f.

→ FREIHEIT

Wie erklären Sie uns, Herr Professor Luther, den widerspruchsvollen Satz von Apostel Paulus: »Ich bin frei in allen Dingen und habe mich zu jedermanns Knecht gemacht.«?

Daß wir gründlich erkennen sollen, was ein Christenmensch sei und wie es um die Freiheit bestellt sei, die ihm Christus erworben und gegeben hat, davon schreibt Paulus viel. Ich will das auf diese beiden Thesen bringen:
Ein Christenmensch ist ein freier Herr über alle Dinge und niemand untertan.
Ein Christenmensch ist ein dienstbarer Knecht aller Dinge und jedermann untertan. A 7/20

Mit Verlaub, Herr Professor, das scheinen noch immer gar widersprüchliche Standpunkte zu sein!

Um diese zwei sich widersprechenden Aussagen von der Freiheit und Dienstbarkeit zu verstehen, müssen wir bedenken, daß jeder Christenmensch zweifacher Natur ist: einer geistlichen und einer leiblichen. Nach der Seele wird er ein geistlicher, neuer, innerlicher Mensch genannt; nach dem Fleisch und Blut wird er ein leiblicher, alter und äußerlicher Mensch genannt. Und um dieses Unterschieds willen werden von ihm in der Schrift Dinge gesagt, die sich vollständig widersprechen wie das, was ich jetzt von der Freiheit und Dienstbarkeit gesagt habe. I 59

Du bist aller Dinge frei bei Gott durch den Glauben, aber bei den Menschen bist du jedermanns Diener durch die Liebe.
A 12/133

Bleiben wir zunächst bei der christlichen – oder auch evangelischen – Freiheit. Wie ist sie zu verstehen?

Die christliche Freiheit kann sowohl dem, der frei, wie dem, der da leibeigen ist, widerfahren; ebenso dem, der da gefangen ist oder der da andere gefangen nimmt; einem Weibe wie dem Manne, einem Knechte und Magd wie dem Herrn und der Frau. Wir reden von der Freiheit vor Gott, mit der Gott uns freispricht von Sünden, welche Freiheit jedem widerfährt. A 33/659

Aber wird der Mensch denn nicht unfrei sein, wenn er Gottes Gebote befolgt?

Der Mensch hat zwar eine Freiheit, aber nicht so, daß er Gottes Gebote tun oder lassen könnte, denn was Gottes Gebot anbetrifft, ist der Mensch nicht frei, sondern er soll dem Wort Gottes gehorsam sein, oder er wird das Urteil des Todes auf sich nehmen müssen. In den Dingen aber ist er frei, die Gott nicht geboten hat, wie z. B. in äußerlichen Werken. A 42/512

Die Christus recht verstehen, die wird keine Menschensatzung gefangennehmen können; sie sind frei, nicht nach dem Fleisch, sondern nach dem Gewissen. A 25/224

Und was hat es nun mit der leiblichen – oder auch weltlichen – Freiheit auf sich; jener Freiheit also, die so viele meinen?

Die Freiheit des Fleisches herrscht besonders in der Welt. Wer sich diese Freiheit anmaßt, gehorcht weder Gott noch den Gesetzen, sondern der tut nach eigenem Gutdünken alles, was ihn auch nur gelüstet. Und eine solche Freiheit sucht jetzt ein jeder. A 40 II/3

→ FREUDE

Sollten wir uns, da wir doch aus der Freude geboren wurden, nicht auch später im Leben freuen?

Flieht die Traurigkeit, deren Urheber der Satan ist, und dient Gott mit Freude. Gott ist ein Feind aller Traurigkeit und verfolgt sie mit allen seinen Worten, dem Heiligen Geist, den Sakramenten, dem Wort des Evangeliums usw. So sagt Jesus. Sirach: »Traurigkeit tötet viele Leute und dient doch zu nichts.« B 253

Gott will, daß wir fröhlich seien, und haßt die Traurigkeit; wenn er nämlich gewollt hätte, daß wir traurig seien, hätte er uns nicht die Sonne, den Mond und die anderen Schätze der Erde geschenkt. Dies alles gibt er uns zur Freude. Sonst hätte er Finsternis geschaffen und nicht zugelassen, daß die Sonne immer wieder aufgeht oder daß der Sommer (immer) wiederkommt. B 253

→ FREUND

Stimmen Sie, Doktor Luther, mit dem kriegerischen König Antigonos überein, der da erstaunlicherweise forderte: »Gott schütze mich vor meinen Freunden«?

Es soll keiner einen für seinen vertrauten Freund halten, er habe denn einen Scheffel (zwei Zentner) Salz mit ihm gegessen. E 206

Aber vereinsamt dabei der Mensch nicht?

Wer einsam und von Freunden verlassen ist, den bedrückt die Einsamkeit, und wenn er sich auch mühen und dagegen ankämpfen kann, so siegt er doch nur unter ungeheurer Anstrengung. Das aber geht alles leichter, wenn man einen vertrauten Bruder hat ... Darum soll man die Einsamkeit fliehen und sich zu bekannten Leuten halten, vor allem in geistlichen Nöten. A 42/501

Ich halte es für einen geringeren Schaden, all sein Gut zu verlieren als einen getreuen Freund. A 42/501

→ FRIEDEN

Wie interpretieren Sie, Professor Luther, das Jesuswort: »Selig sind die Friedfertigen«?

Vom Frieden haben wir unsern Leib und Leben, Weib und Kind, Haus und Hof, ja alle Glieder, Hände, Füße, Augen und alle Gesundheit und Freiheit und sitzen sicher in dieser Mauer des Friedens. Es ist wohl ein halbes Himmelreich, wo Friede ist ... Der Friede kann dir helfen, daß dir ein Bissen trockenes Brot wie Zucker schmeckt und ein Trunk Wasser wie Malvasier (süßer Wein). A 31 I/202

Wie sieht es aus mit dem Frieden in der Welt?

Um der Welt Friede ist es so bestellt, daß sie allein in äußerlichen Dingen Frieden hat, ißt und trinkt, singt und springt und ist fröhlich im Fleisch. Aber der christliche Friede ist im Herzen, ob es gleich draußen große Verfolgung, Angst, Not und Widerwärtigkeit leidet. A 10 I/2

Wie ist Ihre Unterscheidung zwischen weltlichem und christlichem Frieden zu verstehen?

Weltlicher Frieden besteht darin, daß das äußere Übel, wodurch Unfriede kommt, hinweggenommen wird, z. B. wenn Feinde vor einer Stadt liegen, so ist Unfriede. Wenn aber die Feinde weg sind, so ist wieder Friede. So ist's auch mit Armut und Krankheit: dieweil sie dich drücken, bist du nicht zufrieden. Wenn sie aber vorüber sind, und du bist das Unglück, die Krankheit, die Armut los, so ist wieder rein äußerlich Friede und Ruhe da. Aber wer so leidet, wird nicht gewandelt. Er bleibt ebenso verzagt, wenn das Unglück da oder nicht da ist, nur daß er's fühlt und es ihn ängstigt, wenn es da ist. Aber beim christlichen oder geistlichen Frieden ist es umgekehrt: Da bleibt das äußere Unglück wie Feinde, Krankheit, Armut, Sünde, Teufel und Tod. Die lassen nicht ab und liegen rings herum. Dennoch ist inwendig Friede, Stärke und Trost im Herzen. A 12/519

Was raten Sie zu tun, damit Frieden sei?

Du darfst nicht denken, daß dir der Friede nachlaufen wird; im Gegenteil: Zorn, Unfriede und Rache (werden dir nachlaufen), so daß du Böses mit Bösem zu vergelten bewegt wirst. Aber kehre dies Blatt um: suche du selbst Frieden; leide und tue, was du kannst. A 45/104

Eine weise Obrigkeit soll sich vielmehr um die Erhaltung des Friedens als um die Verbesserung der Gesetze bemühen. A 40 II/382

Wie ist das zu verstehen?

Friede gilt mehr denn alles Recht, und Friede ist nicht um des Rechtes willen, sondern Recht ist um des Friedens willen gemacht. Darum, wenn ja eines weichen muß, so soll das Recht dem Frieden, und nicht der Friede dem Rechte weichen. J 24

→ GEBOTE

Sie selbst, Professor Luther, fragten einst: »Ist es denn Sünde, nach den Zehn Geboten gehorsam, ehrbar und züchtig zu leben, nicht zu töten, die Ehe brechen, stehlen, lügen und trügen?« Was antworten Sie darauf?

Ja, bestimmt nicht. Aber ist das noch nicht genug und heißt noch nicht die Zehn Gebote halten, wenn man gleich äußerlich mit Werken nichts dagegen tut, denn Gottes Gebot fordert nicht allein äußerliches Wesen und Schein, sondern es meint das Herz und fordert vollkommenen Gehorsam desselben. Darum richtet es den Menschen auch nicht allein nach dem äußerlichen Wandel und Gebärden, sondern nach dem Grund seines Herzens. A 21/358

Was aber dann, wenn die Gebote nicht befolgt werden?

Wo die Gebote nicht gehalten werden, da folgen bald mancherlei Strafen darauf, sei es von seiten der Obrigkeit, Schulmeister, Eltern oder sonst durch allgemeine Not, denn die allgemeine Not ist wie ein Kerker für das Menschengeschlecht. A 44/704

→ GEDULD

Weshalb predigten Sie in Ihren Gottesdiensten und Schriften immer wieder, daß Geduld die beste Tugend sei?

Gott hilft den Geduldigen, welche von ihm Trost und Hilfe erwarten, nicht wider Gott ergrimmen oder murren, nicht aus Ungeduld Lärm anrichten, nicht verbotene Hilfe suchen oder sich auf menschlichen Trost stürzen usw. Summa: Leiden und Hoffen ist der Christen Sieg. A 48/99

Wie ich gelehrt habe, daß du Gott fürchten sollst, so sag ich auch, daß man den Menschen mit Geduld und guten Werken gegenübertreten soll. Was schadet's denn, wenn dir auch bei deinem Mühen Hindernisse in den Weg treten und man dich scheel sieht? Halte nur durch! A 20/124

Aber haben denn Geduld und Demut nicht auch ihre Grenzen?

Geduld, Demut und alle anderen Werke der Liebe hören auf, wenn ich den verlieren soll, um dessentwillen ich leide. Wo es darum geht, daß man Gott verlieren, sein Wort und den rechten Gottesdienst verleugnen soll, da darf man keine Geduld haben, da müssen wir der göttlichen Verheißung fest und gewiß sein, die für uns gilt, damit wir sie uns auf keinerlei Weise nehmen lassen. A 43/495

Wie oder womit üben Sie sich in Geduld, Herr Luther?

Ich muß Geduld haben mit dem Teufel, ich muß Geduld haben mit den Schwärmern, ich muß Geduld haben mit dem Adel, ich muß Geduld haben mit den Hausgenossen, ich muß Geduld haben mit der Käthe von Bora, und der Geduld ist noch so viel, daß all mein Leben nichts anderes sein will als Geduld. B 241

→ GEIZ

Was halten Sie von der Auffassung, ein Geiziger sei ein Mensch, der wie ein Bettler lebt – aus Angst, einer zu werden?

Die Geizigen haben keinen Gewinn von ihrem Gelde. Sie schauen es nur immer an, und doch können sich ihre Augen nicht satt daran sehen. A 20/79

Ein Geiziger kann nichts Besseres, als daß er stirbt. Im Leben ist er weder Gott noch anderen Menschen, ja nicht einmal selbst sich etwas nütze. Er kann nichts anderes als gegen Gott, Menschen und auch gegen sich selbst sündigen. Denn er tut seinem eigenen Leib nicht einmal etwas Gutes. A 44/2

→ GELD

Herr Doktor Luther, das geflügelte Bibelwort vom »schnöden Mammon« wird von Ihnen häufig gebraucht. Stimmt es, was da einst ein Mann behauptete, daß der Mammon der Gott der größten Weltreligion sei?

Der Mammon ist auch ein Gott; das heißt, er wird von den Menschen wie Gott verehrt und hilft ihnen auch zuweilen. A 40 III/57

Und wobei hilft er Ihnen denn gar nicht?

Was nützt der Mammon, wenn man dürstet? Was bei Krankheit? So kann nun der Mammon bei leiblichen Gebrechen nicht helfen; was will er dann aber erst ausrichten, wenn Sünde und Tod das Gewissen bedrücken? Darum bereitet der Mammon zwar Freude, aber eine so einseitige, daß sie nicht noch einseitiger werden kann. Der Mammon ist nur eine Augenweide wie ein gemaltes Bild. A 40 III/57

Aber Geld benötigt nun mal auch so ein berühmter Mann wie Sie, während Ihrer Wittenberger Jahre als Prediger, Universitätsprofessor, Reformator und Schriftsteller, um Ihre große Familie zu ernähren. Aus welchen Quellen schöpften Sie da?

Ich habe ganz genug und satt, Gott sei Lob, der mir eine

Ehefrau und Kinder als schönsten Segen gegeben hat und einen Kurfürsten, der mir freiwillig 200 Gulden im Jahr gibt. Oft hat mich meine Frau überreden wollen, für Geld Vorlesungen zu halten, aber Gott kam mir zuvor durch den Kurfürsten. So habe ich ein Leben lang kein Manuskript verkauft oder eine Vorlesung für Geld gehalten. Den Ruhm will ich bei Gott mit ins Grab nehmen. Es ist genug, wenn wir Nahrung und Kleidung haben. A 4/431

Hinzu kamen – nach Ihrem eigenen Bekunden – schon bald weitere 200 Gulden von Ihrem Landesherrn sowie in reichem Maße Naturalien. Da hatten Sie doch sicherlich Ihr gutes Auskommen mit diesem Einkommen? Oder plagte auch Sie jener aufgeblasene Moloch, der trotz vieler Gulden im Beutel immer ärmer macht?

O ja. Niemand bedenkt, daß, wer früher mit 30 Gulden auskommen konnte, es heute kaum mit 200 kann. Warum? Früher kostete ein Scheffel (rund 2 Zentner) Korn zwei bis drei Groschen. Ein Mandel (15 Stück) Eier 3 Pfennige und so weiter in allen Stücken. Jetzt muß das Korn 9 bis 12 Groschen, eine Mandel Eier 18 Pfennige kosten. Und dann heißt es: Die Pfaffen sind habsüchtig, wenn man die Marktpreise erhöht hat und so dem armen Mann 60 Gulden entzieht. Er muß geizig heißen, wenn er 90 Gulden hat, wovon sie ihm 60 abgeizen. A 51/591

Wie man hört, bereiten Ihnen die Aus- und Umbauten des Schwarzen Klosters, das Sie seit 1532 bewohnen, zunehmend finanzielle Sorgen?

Mein Haushalt ist sehr merkwürdig, weil ich mehr verzehre, als ich einnehme. Ich muß jedes Jahr 500 Gulden für die Küche haben, von anderem will ich schweigen, wie Schmuck und Textilien. Ich kann mich in dieser Haushaltung nicht einrichten. Wenn ich ein kleineres Haus hätte, könnte ich mich von der Menge der Dinge zurückziehen und mich um weniges kümmern. Aber unser Herr Gott muß der Narren Vormund sein. A 3/13

Aber wie ist es denn möglich, daß Ihre Haushaltsführung trotzdem funktioniert?

»Wer gibt, dem wird gegeben.« Der Spruch erhält mein Haus. Ich will mich nicht rühmen, aber ich weiß, was ich im Jahre gebe in mein Haus. Doktor Gregor von Brück sagt: Wenn der Kurfürst dem Edelmann 1000 Gulden im Jahr geben würde, er könnte das Schwarze Kloster nicht erhalten. Und ich habe nur 300. Aber Gott gibt genug und segnet es, und ich will danach auch geben ... Man muß geben, wenn man etwas haben will. A 4/701

Obwohl Sie nun im fortgeschrittenen Alter zu den reichen Wittenbergern zählen, gelten Sie nach wie vor als bissiger Kritiker der heutigen Geldwirtschaft. Ist das nicht ein arger Widerspruch, Professor Luther? Es drängt sich die Frage auf, welche Auffassung Sie als gelehrter Bibelausleger überhaupt zu Geld und Reichtum haben?

Christus will nicht, daß man kein Geld und Gut haben und nehmen soll oder – wenn man's hat – wegwerfen solle, wie etliche Narren unter den Philosophen und tolle Heilige und den Christen gelehrt und getan, denn er läßt's wohl geschehen, daß du reich seiest, aber die Liebe will er nicht daran gehängt haben. A 32/457

Reichtum ist Gottes Gabe; man soll ihn nicht wegwerfen, sondern Gott dafür danken und ihn christlich gebrauchen. A 47/356

Was würden Sie demjenigen sagen, der da meint, es sei besser, reich im Beutel, als reich im Herzen zu sein?

Rechne es bei dir selber aus, was du von diesen zweien lieber selber machen wolltest: ein Haus voll Geld, große Barschaft und dazu ein unruhiges geiziges Herz, das da nicht seiner Barschaft gebrauchen könnte, sondern immer mehr nach Gütern strebt, sammelt und zusammenscharrt und nicht fröhlich sein könnte; oder wolltest du lieber gar nichts an Barschaft haben und dabei ein fröhliches, ruhiges Herz, das sich auf Gott verläßt und gewiß wäre, daß Gott sein wäre und würde ihm genug geben, daran er gar keinen Zweifel hätte? Ja, wenn man nach der Vernunft antworten sollte, so würde die Vernunft sagen: Ich will lieber nichts haben und doch täglich der Nahrung gewiß sein, als daß ich ein Haus voll Gulden haben sollte und dabei keine fröhliche und ruhige Stunde. A 19/309

Was ist nach Ihrer Meinung gegen die Reichen und Mächtigen einzuwenden?

Wo Reichtum und Gewalt ist, da sind auch große Sünden und Unrecht. Geld macht Diebe; Glück macht Schalke ... A 19/381

Was sagen Sie dem, der da behauptet, es gehe nicht ohne die Reichen?

Wo würden die Reichen und Gewaltigen sein, wenn's keine Armen und Untertanen gäbe? Wie die Füße den Leib tragen, so tragen die Niedrigen alle hohen Stände. A 17 II/57

Ist es wohl wahr, Herr Doktor, daß Reichtum und Gottesglaube zusammenpassen wie zwei linke Schuhe?

Nichts in der Welt hindert den Glauben so sehr wie Reichtum und Mammon. Wer reich ist und etwas hat, der schlägt Gottes Wort in den Wind und läuft mit Füßen darüber. Wer arm ist, der tut alles, um sich der Armut zu erwehren. So geht's weder zur Rechten noch zur Linken recht gut. A 36/349

Sollte man die Reichen dazu nicht gleich mit eisernen Besen hinwegfegen?

Gott straft nicht, daß man Reichtum und Güter hat, sondern daß man der Güter übel braucht, das heißt, sie allein zur Stillung seiner Lüste verwenden, den Armen damit nicht hilft und über das, was Gott gegeben hat, kein treuer Haushalter ist. A 13/189

→ GERECHTIGKEIT

Was verstehen Sie unter Gerechtigkeit, Professor Luther, der es doch im Leben so oft ermangelt?

Im gewöhnlichen Leben nennt man Gerechtigkeit die Tugend, die einem jeden gibt, was sein ist; in der Schrift ist der Glaube an Jesus Christus die Gerechtigkeit. A 2/503

Merke auf die neue Definition der Gerechtigkeit: Gerechtigkeit heißt Christus erkennen. A 31 II/439

Nicht der ist gerecht, der viel wirkt, sondern der ohne Werke viel an Christus glaubt. A 1/364

Keinem wird die Gerechtigkeit und das Heil Gottes offenbart, ehe ihm nicht seine Ungerechtigkeit und Verdammnis offenbart wird. A 1/111

Aber muß sich denn die christliche Gerechtigkeit nicht auch im hier und heute bewähren?

Die Gerechtigkeit des Glaubens besteht in der Gnade, nicht aber in Werken. A 18/771

Die äußerliche, zeitliche, weltliche und menschliche Gerechtigkeit nützt nichts für die zukünftige Herrlichkeit, sondern sie empfängt in diesem Leben ihren Lohn. A 2/489

→ GEWISSEN

Was sagen Sie zu dem Sprichwort: »Ein gutes Gewissen ist ein sanftes Ruhekissen«?

Ein gutes Gewissen ist das Paradies und Himmelreich, und ein böses Gewissen ist die Hölle selbst. A 38/113

Was kann höhere und größere Freude sein, als ein fröhliches, sicheres, mutiges Gewissen, das sich auf Gott verläßt und weder Welt noch Teufel fürchtet? Und ebenso: wo ist größere Traurigkeit und Schwermut, als in einem bösen, verzagten und schuldigen Gewissen? A 31 I/177

Bei schlechtem Gewissen fürchtet man sich auch vor einem rauschenden Blatt. A 19/211

Wie sich das Gewissen gegen Gott hält, so ist es. Glaubst du, daß er dir gnädig sei, so ist er gnädig; fürchtest du dich vor ihm wie vor einem schrecklichen Richter, so ist er's auch. A 24/231

→ GLAUBE

Das Sprichwort sagt, es gehöre viel Wissen zum Glauben; aber ist es denn nicht so, daß man nichts so fest glaubt wie das, was wir nicht wissen?

Den Glauben kann keine menschliche Klugheit begreifen.
A 30 I/192

Der Glaube ist nicht eine Beschaffenheit am Geiste, das heißt, ein Gedanke; denn wie groß dieser auch immer sein mag, gilt er doch nichts an sich selbst. Sondern das ist der Glaube, der Christus in sich begreift und Christus ergreift. B 31 f.

Was sagen Sie dem, Herr Doktor, der da behauptet, man glaube besonders stark an das, was man wünscht oder fürchtet?

Der Glaube ist nimmermehr stärker und herrlicher, denn wenn die Trübsal und Anfechtung (Versuchung) am größten sind. E 278

Wir haben soviel, wie wir glauben und hoffen. A 3/180

Der Glaube ist so edel, daß er alles gut macht, was am Menschen ist. A 12/559

Kein Werk kann den Menschen anders machen als er ist; allein der Glaube kann es und tut es. A 32/100

Wenn einem aber die Not übergroß wird, so sieht er, was der Glaube vermag und was er ist: nicht eine Spekulation, sondern eine Wirklichkeit. B 32

Dann gilt das Bibelwort also uneingeschränkt: »Der Glaube versetzt Berge«?

Der Glaube ist ein groß Ding, man kann seine Macht, Kraft, Stärke und Gewalt nimmermehr gut verstehen ... Ihm ist nichts unmöglich, noch zu schwer. Der Glaube ist ein groß herrlich Werk. Wer glaubt, der ist ein Herr. Und ob er gleich stirbt, so muß er doch wieder leben. Ist einer arm, so muß er doch wieder reich sein. Ist einer krank, so muß er doch wieder gesund werden. A 16/187

69

Das ist des Glaubens besondere Art, daß er damit umgeht und das glaubt, was noch nicht gegenwärtig ist, denn was vorhanden ist, braucht man nicht zu glauben: man fühlt es und sieht es. Wenn ein reicher Mann, der Geld und Gut in Fülle hat, schon glaubt, er würde dieses Jahr nicht Hungers sterben, das ist kein Glaube. Wer aber keinen Vorrat hat und sich dennoch an Gottes Wort hält, Gott werde ihm als ein Vater seine Nahrung schaffen, sofern er sich in Gottesfurcht hält und seinem Beruf nachkommt, der glaubt recht. A 52/517

Liebe, so wird gesagt, kann man nicht erzwingen. Gilt das auch für den Glauben?

Weil es bei eines jeden Gewissen liegt, wie er glaubt oder nicht glaubt, und weil damit der weltlichen Gewalt kein Abbruch geschieht, soll sie auch zufrieden sein und ihrer Dinge warten und sonst oder so glauben lassen, wie man kann und will und niemand mit Gewalt dringen. Denn es ist ein freies Werk um den Glauben, zu dem man niemand zwingen kann. Ja, es ist ein göttliches Werk im Geist, geschweige denn, daß es äußerliche Gewalt erzwingen und schaffen sollte.
A 11/264

→ GOTT

Es gibt da ein erstaunliches Phänomen. Sowohl die Gläubigen als auch die Ungläubigen gebrauchen im Alltagsleben – bewußt oder unbewußt – eine Vielzahl von redensartlichen Wendungen, die sich auf Gott beziehen, als da sind: »Gott sei Dank!«, »Gott behüte!«, »Von Gott verlassen«, »Mann Gottes!«, »Geh mit Gott, aber geh!«, »Gott hab ihn selig!«, »Den lieben Gott einen frommen Mann sein lassen«, »Grüß Gott!«, »Gott zum Gruß!«, »Gott befohlen!«, »Bei Gott«, man könnte »über Gott

und die Welt reden«. Reden wir, »so Gott will« über das Naheliegende. Was meinen Sie dazu, Herr Doktor Luther?

Alle Welt nennt das einen Gott, worauf der Mensch in Not und Anfechtung traut, womit er sich tröstet und (worauf er sich) verläßt, von dem man alles Gute haben will und der helfen kann. So haben die Heiden getan und erst den Jupiter zum Helfer und Gott gemacht usw.; danach haben sie aus der Vernunft viel Abgötterei gemacht. Die Römer haben vielerlei Götter aufgestellt um mancherlei Anliegen, um Hilfe willen, die ihnen nötig war, daß einer den Leuten helfe im Krieg, einem diese Gewalt, jenem das zugeschrieben usw.: Der sollte Korn wachsen lassen, jener zu Wasser beim Schiffbruch helfen. So viel Not, Gut und Nutzen auf Erden war, so viele Götter hatte man erwählt ... So beschreibt die Vernunft Gott: er sei, was einem Menschen hilft, ihm nützt und ihm zugute kommt. A 28/609

Ein Gott heißt das, dazu man sich versehen soll alles Guten und Zuflucht haben in allen Nöten. So daß ein Gott haben nichts anderes ist, als ihm von Herzen trauen und glauben; wie ich oft gesagt habe, daß allein das Trauen und Glauben des Herzens beides macht: Gott und Abgott. Ist der Glaube und Vertrauen recht, so ist auch dein Gott recht; und umgekehrt: wo das Vertrauen falsch und unrecht ist, da ist auch der rechte Gott nicht. Woran du nun dein Herz hängst und (dich darauf) verlässt, das ist eigentlich dein Gott. A 30 I/133

Wie du an Gott glaubst, so hast du ihn. Glaubst du, daß er gütig und barmherzig ist, so wirst du ihn so haben. A 17 I/412

Gott ist an keinen Ort gebunden, er ist auch von keinem ausgeschlossen ...; an allen Orten aber ist er, denn er schafft, wirkt und erhält alle Dinge. B 37

Was sagen Sie denen, die da meinen: Ich wollte bis ans Ende der Welt gehen, wenn ich Gott wenigstens einmal hören könnte!

Höre, lieber Bruder: Gott, der Schöpfer des Himmels und der Erde, redet mit dir durch seine Prediger. Er tauft, unterweist und spricht dich frei von deinen Sünden, durch seine Sakramente. Diese Worte Gottes sind nicht denen des Plato oder Aristoteles gleich, sondern Gott selbst redet. Und die sind als Prediger die besten, die das Volk und die Jugend ganz einfach und unumwunden ohne jeden Dünkel und ohne Spitzfindigkeit lehren, so wie Christus das Volk durch ganz einfache Gleichnisse belehrte. Und das sind die besten und geeignetesten Zuhörer, die das Wort hören und an der Lehre nicht zweifeln, so ist ihnen zu raten und zu helfen. Denn Gott kann zwar Gegensätze vertragen, aber Widersprüche kann er nicht ertragen. B 11

Was gibt Gott und was erhält er zurück?

Das ist Gottes Wesen: nicht Gutes empfangen, sondern geben, also Böses mit Gutem vergelten. A 4/269

Gott ist allein Güte. A 4/248

Wenn unser Herr Gott seine Güte verkaufen würde, so würde er genug Geld damit auf dem Markt machen, weil er sie aber umsonst gibt, achtet man sie wenig. Wenn es Gott nur ein Jahr nicht regnen ließe, noch seinen Segen auf alle Gewächse des Erdreichs legen würde, wollte jeder klagen und um fruchtbaren Regen rufen und bitten. Und wenn er um Geld zu haben wäre, so würde man kein Geld sparen. Nun gibt aber der liebe Vater alles umsonst, was zur Erhaltung des Lebens nötig ist – und wie viele von uns erkennen das und danken ihm dafür? Dazu läßt der liebe Gott und Schöpfer täglich die Sonne aufgehen, des Nachts Mond und Sterne leuchten, und gibt zu unserem Gebrauch ohne Unterlaß die Elemente Feuer, Luft, Wasser und Erde und alle Kreaturen, dazu Leib, Leben, Brot, Wein, alles mögliche Vieh, Früchte und Güter auf Erden, daß der Mensch erhalten werden kann. Dazu noch sich selber ... Was verdient aber der liebe Gott durch diese großen, ja unaussprechlichen Wohltaten bei der Welt? Das verdient er, daß sie seinen Namen lästern, seinen Sohn, den er ihr zum Heiland gesandt hat, kreuzigt, seine Kirche samt ihren Dienern verfolgt und verwüstet usw. Wie er aus lauter Güte und umsonst alle Kreaturen geschaffen hat, so nährt und erhält er sie auch. D 26 f.

Gott zu dienen – verstehen Sie das unter Gottesdienst, Herr Doktor Luther?

Wisse, daß Gott dienen nichts anderes bedeutet, als deinem Nächsten dienen und mit Liebe wohltun, es betreffe Kind, Weib, Knecht, Feind, Freund, ohne Unterschied, wer dein bedarf an Leib und Seele, und wo du leiblich und geistlich helfen kannst. Das heißt Gottesdienst und gute Werke. A 10 I/168

Es gibt keinen größeren Gottesdienst als die christliche Liebe, die den Bedürftigen hilft und ihnen dient. A 12/13

Wenn ein jeder seinem Nächsten diente, dann wäre die ganze Welt voll Gottesdienst. A 36/340

Jeder selbsterwählte Gottesdienst hat die Art und Eigenschaft an sich, wenn er sich gleich sonst mit dem göttlichen Namen schmückt, daß der Mensch durch sein eigenes Werk selig werden will. (Selbst)erwählter Gottesdienst führt den Menschen auf sich selbst. A 28/598

Gottesdienst ist nichts anderes als Gott mit dem Herzen innerlich und äußerlich zu dienen, was darin besteht, daß man ihn in Ehren hält und sich vor ihm scheut. Man tue und lasse nichts, ohne zu wissen, daß es ihm wohlgefällt. A 24/548

Die nicht an Gott Glaubenden, die Gottlosen, nennen Sie Heiden. Was aber sind das für Leute?

Das Wort Heiden darf man nicht im natürlichen, sondern im theologischen Sinne verstehen, wie sie vor Gott stehen, nämlich ohne Gott, ohne Gesetz, ohne Gottesdienst, ohne Verheißungen. A 38/596

Gottlos ist, wer ohne Glauben lebt, ob er schon äußerlich ein ehrbares Leben führt. Äußerlich böse Werke sind wohl Früchte des Unglaubens; aber eigentlich nennt man das ein gottloses Wesen, das nach außen hin hübsch erscheinet, obgleich doch das Herz voll Unglauben ist. A 14/86

Die Gottlosen haben nimmer Frieden, es gehe ihnen wohl oder übel. Denn geht es ihnen gut, so werden sie vermessen, hoffärtig und stolz, vergessen unsers Herrn Gottes ganz, pochen und trotzen allein auf ihre Gewalt, Reichtum, Weisheit, Heiligkeit usw., und sorgen daneben, wie sie die erhalten und mehren und andere, die ihnen im Wege liegen, verfolgen und unterdrücken können. Kehrt sich aber das Blatt mit ihnen, was denn endlich gewiß geschehen muß, so sind sie die elendesten und betrübtesten Leute, die flugs verzweifeln und verzagen. Woran fehlt es ihnen? Sie wissen nicht, wo und wie sie Trost suchen sollen, weil sie Gottes Wort nicht haben, das allein rechtschaffen lehrt, geduldig und getrost zu sein, wenn es übel zugehet. A 51/268

Das Wort Heiden umfaßt alles, was die Heiden haben: Gerechtigkeit, Weisheit, Macht, Verstand und alle Gaben. A 40 II/269

→ HABGIER

Stimmen Sie dem zu, der da sagt: Die Gier, immer mehr haben zu müssen, sei wie Meerwasser: Je mehr man von ihm trinkt, desto durstiger wird man?

Was mir unser Herrgott gibt, das nehme ich gern; was er nicht gibt, das kann ich gut entbehren. Das ist mein Wahlspruch, daß ich mir genügen lassen kann. So halte ich Haus.
B 2/66

Und was meinen Sie zum Geiz, dem Zwillingsbruder der Habgier?

Der Geiz macht, daß wir nichts mit Lust und Freude gebrauchen können. So mancher Geizwanst sitzt auf großem Gut und kann es doch nicht mit Lust genießen ... Wenn man etwas täglich vor Augen hat und noch dazu reichlich, dann achtet man es gering. Wenn aber etwas selten ist, so achtet man es höher. D 14

Es lief ein Hund durch einen Wasserstrom und hatte ein Stück Fleisch im Maule. Als er aber das Spiegelbild vom Fleisch im Wasser sieht, wähnt er, es wäre auch Fleisch, und schnappt gierig danach. Da er aber das Maul auftat, entfiel ihm das Stück Fleisch und das Wasser führt's weg. Also verlor er beide, das Fleisch und sein Abbild. C 63

Was meinen Sie, Herr Luther, sollten wir Menschen aus dieser Fabel lernen?

Man soll sich begnügen lassen an dem, das Gott gibt. Wer das Wenige verschmäht, dem wird das Größere nicht zuteil; wer zu viel haben will, der behält zuletzt nichts; mancher verliert das Gewisse über dem Ungewissen. C 63

→ HERZ

Was meinten Sie mit Ihrer Behauptung, das menschliche Herz sei wie Quecksilber?

Des Menschen Herz ist wie Quecksilber, das jetzt da, bald anderswo ist ... E 336

Das menschliche Herz kann im Glück nicht Maß halten; das kann es auch ebensowenig, wenn's übel zugeht, daß es nicht gleich verzagen und versinken will. Es ist auf beiden Seiten zu weich und zu schwach, doch viel schwächer, Glück zu tragen als Unglück. A 19/372

Das menschliche Herz kann weder Gutes noch Böses ertragen. Haben wir Geld und Gut, so ist keine Ruhe vorhanden; ist Armut da, so ist kein Friede. In der Mitte liegt das Rechte; das ist, mit seinem Schicksal zufrieden zu sein. B 263

Das beste Geschenk und Wesen ist ein heiteres und fröhliches Herz. B 252

Der Glaube fordert das Herz, nicht den Verstand. A 4/356

Und das Herz aus Stein?

Ein verhärtetes Herz läßt sich durch Versprechungen nicht rühren, wird durch Wohltaten nicht bewegt, durch Drohungen nicht erschreckt und durch Heimsuchungen nicht gebessert. B 263

→ HILFSBEREITSCHAFT

Was antworten Sie denen, die da meinen: »Hilf dir selbst, so hilft dir Gott.«?

Mit unserem Nächsten müssen wir in allen Nöten und Gefahren so handeln: brennt sein Haus, so heißt mich die Liebe hinzulaufen und löschen zu helfen. Ist sonst Volk genug da, das löschen kann, kann ich heimgehen oder dableiben. Fällt er ins Wasser oder in eine Grube, so darf ich nicht weg-, sondern muß hinzulaufen, so schnell ich kann und ihm helfen. Sind andere da, die es tun, so bin ich frei. Sehe ich, daß er hungert oder dürstet, so muß ich ihn nicht (im Hunger und Elend) lassen, sondern (muß ihn) speisen und tränken und nicht auf die Gefahr sehen, ob ich dadurch ärmer oder geringer werde. Denn wer dem andern nicht eher helfen und beistehen will, er möge es denn ohne Gefahr und Schaden seines Guts oder Leibs tun, der wird seinem Nächsten nimmer helfen, denn es wird allezeit so aussehen, als sei es ihm selbst ein Verlust, Gefahr, Schaden oder Versäumnis. A 23/351

→ HOFFNUNG

Wie interpretieren Sie das deutsche Sprichwort: »Bau Hoffnung an, mit Gebet und Fleiß; säst drein Gulden, bringt's Ehrenpreis«?

Alles, was in der Welt geschieht, das geschieht aus Hoffnung. Kein Bauer würde ein Körnchen aussäen, wenn er nicht hoffen würde, daß es aufgeht. Kein Junggeselle würde ein Weib nehmen, wenn er nicht hoffen würde, Kinder mit ihr zu zeugen. Kein Kaufmann oder Taglöhner würde arbeiten, wenn er sich nicht Lohn und Gewinn davon erhoffen würde. Wie viel mehr fordert uns die Hoffnung zum ewigen Leben. D 64

Durch Geduld und Trost der Schrift haben wir Hoffnung, denn wo das Evangelium nicht ist, da ist weder Hoffnung, Trost, Friede, Freude, Glaube, Liebe, Christus, Gott, noch etwas Gutes. A 10 I/2

→ JESUS CHRISTUS

Welches Glaubensbekenntnis haben Sie, Martin Luther?

Ich glaube an Gott den Vater. Mein Herr Jesus Christus ist einmal auf Erden gekommen und hat sich sehen lassen. B 9

Gott ist gewiß unser Vater und unser Gott; aber beides allein durch Christus. A 40 I/99

Christus ist mein unmittelbarer ... Bischof, Abt, Prior (Oberer eines Mönchklosters), Herr, Vater und Meister. Einen anderen kenne ich nicht mehr. E 98

Was aber ist Jesus Christus, der Sohn und Stellvertreter Gottes auf Erden, nicht?

Diejenigen irren, die da meinen, Christus sei ein Gesetzgeber, welcher die Sitten in Ordnung bringe und wie ein Sokrates vollkommene Beispiele der Tugenden vortrage. Denn ob er wohl auch das äußerliche Tun lenkt, so richtet er doch zuerst den innerlichen Menschen zu und erneuert ihn; danach regiert er auch den Leib, die Hände und Füße, denn auf den Glauben folgen die Werke, gleichwie der Schatten dem Leibe folgt. A 25/324

Auf welchem Wege gelangen wir zu Jesus Christus und damit zu Gott?

Durch den Glauben ist Christus in uns, ja eins mit uns. A 1/364

Wird Christus tausendmal zu Bethlehem geboren, und nicht in dir; du bleibst verloren. Glaube an Christus, in dem ich dir zusage alle Gnade, Gerechtigkeit, Friede und Freiheit.
Glaubst du, so hast du; glaubst du nicht, so hast du nicht.
A 7/24

Gott will nicht, daß man auf einem anderen Wege zu ihm gehe, ihn erkenne und liebe. Wie er (Johannes der Täufer) sagt: »Ich bin der Weg und die Wahrheit und das Leben; niemand kommt zum Vater, denn durch mich«. Hörst du, es ist die ganz felsenfeste Meinung: niemand kommt zum Vater außer durch Christus. In diesem Wege übe dich, und du wirst in Kürze ein tieferer Theologe sein als alle Scholastiker. A 1/329

Achte nur darauf, was Christus für dich und die Welt getan hat, damit du auch lernst, was du für andere zu tun schuldig bist. E 98

→ JUGEND

Was würden Sie dem erwidern, der da mit spitzer Zunge behauptet, die Jugend sei ein frühes Symptom, das ohne Behandlung mit der Zeit von selbst verschwindet?

Wenn es gleich der Jugend an Lehrern, anderen Beschützern und Warnern nicht mangelt, ist sie doch trotzdem wie Wachs. Sie läßt sich leicht zur Sünde verleiten, ist frevelhaft und widerspenstig. Die Erbsünde aber, mit der ihr der Teufel auflauert, fängt alsdann auch an, in ihr zu wüten und fängt die Jugend mit den Banden der Schmeichelei und (durch die Verlockungen) der Wollust. A 44/353

Jugend ist wie ein Most, der läßt sich nicht halten, er muß vergären und überlaufen! E 367

Also einfach überlaufen lassen?

Wenn die Jugend nicht rechte Schulmeister und Lehrer bekommt, dann hat der Teufel mit seinen Rotten bald gewonnenes Spiel. A 47/270

→ KATECHISMUS

Professor Luther, Sie haben im Jahre 1528 den »Kleinen Katechismus« und ein Jahr später den »Großen Katechismus« veröffentlicht. Was haben wir darunter zu verstehen?

Der Katechismus ist eine Laienbibel. In ihm ist der ganze Inhalt der christlichen Lehre inbegriffen, die einem jeden Christen zur Seligkeit zu wissen nötig ist. B 161

Der Katechismus ist der ganzen heiligen Schrift kurzer Auszug und Abschrift. A 30 I/128

Katechismus heißt Unterricht, durch den man die Heiden, die Christen werden wollen, lehrt und unterweist, was sie glauben, tun, lassen und wissen sollen. A 19/76

Was vor allem beinhaltet der Katechismus?

Im Katechismus habt ihr einen sehr feinen, richtigen, kurzen Weg der ganzen christlichen Religion und die fürnehmsten Hauptartikel kurz verfasset: Die Zehn Gebote hat Gott selber gegeben; Christus hat das Vaterunser gestellet und gelehrt und der Heilige Geist hat die Artikel des Glaubens aufs Allerkürzeste und Richtigste gefasset und begriffen. Diese drei Stück sind also gestellt, daß sie nicht können feiner, tröstlicher und kürzer gestellt werden. F 78

Und wem der Katechismus fremd ist?

Wer den Katechismus nicht kann, soll nicht ein Christ heißen, nicht zum Abendmahl zugelassen und auch nicht Pate werden. A 29/471

Wie halten Sie es selbst mit dem Katechismus?

Ich bin auch ein Theologe und habe in mancherlei Gefahren die Heilige Schrift doch so einigermaßen gelesen und verfüge über einige Erfahrung. Doch fühle ich mich solcher Gabe wegen nicht so erhaben, daß ich nicht täglich wie die Kinder den Katechismus, d. h. die Zehn Gebote, das Glaubensbekenntnis (und das Vaterunser) bei mir betete und mit ganzem Herzen betrachtete, daß ich nicht nur die Worte herunterhaspele, sondern daß ich auch darüber nachdenke, was die einzelnen Worte sagen wollen ... A 40 III/192

→ KINDER

Was sagen Sie zu dem persischen Sprichwort, Kinder seien eine Brücke zum Himmel?

Vater und Mutter können an den Kindern den Himmel und die Hölle verdienen, je nachdem, ob sie ihnen gut oder übel vorstehen. A 16/490

Daß Kinder wohl geraten, steht nicht in unserer, sondern in Gottes Gewalt und Macht. Wo er nicht mit im Schiffe ist, da fährt man nimmer wohl. A 24/592

Es gibt keinen größeren Schaden in der Christenheit, als Kinder zu vernachlässigen. Denn will man der Christenheit wieder helfen, so muß man fürwahr bei den Kindern anfangen, wie vorzeiten geschah. A 2/170

Gott hat die Kinder und Nahrung dazu nicht deshalb gegeben, daß du allein deine Lust an ihnen haben sollst, oder (daß du sie) zur Welt Pracht erziehen sollst. Es ist dir ernstlich geboten, daß du sie zu Gottes Dienst erziehen sollst. A 30 II/531

Wie können sich Kinder auf das eheliche Zusammenleben auswirken?

Kinder sind das lieblichste Pfand in der Ehe, die binden und erhalten das Band der Liebe. E 379

Beischlaf ergibt sich leicht, auch ohne Ehe, aber das schönste Ehepfand sind Kinder. B 292

Je mehr Kinder, umso größeres Glück. B 292

Die Eltern sollen nicht ablassen, der Kinder Bestes zu suchen, wenn auch die Kinder undankbar sind. A 37/103

→ KIRCHE

Herr Doktor Luther, Sie haben über drei Jahrzehnte hinweg als Prediger an der Stadtkirche zu Wittenberg gewirkt. Sagen Sie uns bitte: Was bedeutet für Sie Kirche?

Die Kirche ist eine Wohnung, da man Gott lieben und hören soll ... Damit du gewiß Gott in allen Dingen, Kreuz und Leiden vertrauen kannst, sollst du wissen, daß dann wahre Kirche sei, wenn auch gleich kaum zwei gläubige Menschen (beisammen) wären. Darum sagt Christus: Wer mich liebt, der hält mein Wort; da will ich wohnen, da habt ihr meine Kirche. A 47/776

Welches ist das Wahrzeichen der christlichen Kirche?

Es muß ja irgendein sichtbares Zeichen gegeben sein, durch das wir an einen Ort versammelt werden, um das Wort Gottes zu hören. Ein Zeichen ist nötig und wir haben es auch, nämlich die Taufe, das Brot und vor allen anderen Dingen das Evangelium. Diese drei sind die Wahrzeichen der Christen, es sind die Marken und Kennzeichen. Wo du siehst, daß die Taufe, das Brot und das Evangelium sei, da ist – ganz abgesehen vom Ort und von den Menschen – ohne Zweifel die Kirche. A 7/720

Was soll in der Kirche geschehen und was nicht?

Es ist ernstlich befohlen, daß sich in der Kirche niemand unterstehe, etwas (es sei wenig oder viel, klein oder groß) aus seinem eigenen Verstande oder auf eines Menschen Rat und Gutdünken vorzuschreiben oder zu tun; sondern wer da etwas lehren oder tun will, der rede und tue es so, daß er zuvor gewiß sei, daß das, was er redet und tut, wahrhaftig Gottes Wort und Werk sei, von ihm befohlen. Oder er lasse nur sein Predigen und Amt und tue inzwischen etwas anderes. A 21/422

Fromme Leute kommen in der Kirche nicht zusammen, um zu blöken und zu brummen, sondern um zu beten und Dank zu sagen. F 112

→ KRIEG

Teilen Sie die Auffassung des griechischen Philosophen Plutarch, der Krieg sei ein grausam Ding, und er schleppe in seinem Gefolge Unrecht und Übeltat in Menge?

Der Krieg nimmt einfach alles hinweg, was Gott geben kann: Religion, Staatswesen, Ehe, Besitz, Ansehen, Wissenschaft usw. B 211

Krieg ist die größte aller Strafen, welcher die Religion, weltlich und häuslich Regiment zerstört; Hungersnot und Pestilenz sind mit ihm nicht zu vergleichen … B 211

Aber muß man dem Überfallenen nicht das Recht zubilligen, sich wehrhaft zu verteidigen?

Das sei vor allen Dingen gesagt: Wer Krieg anfängt, der ist im Unrecht, und es ist billig, daß der geschlagen oder doch zuletzt gestraft werde, der am ersten das Messer zückt. Wie es denn auch im allgemeinen geschehen und in allen Historien ergangen ist, daß die verloren haben, die den Krieg angefangen haben, und gar selten die geschlagenen sind, die sich haben wehren müssen. A 19/645

Was sagen Sie denen, Herr Doktor Luther, die da meinen: Kriege fallen nicht wie Hagel vom Himmel, sondern werden von den weltlichen Herren angezettelt?

Weltliche Obrigkeit ist nicht von Gott eingesetzt, daß sie den Frieden brechen und Krieg anfangen solle, sondern daß sie den Frieden handhabe und Kriegen wehre … A 19/645

Wie aber soll ein Soldat sich verhalten, wenn sein Landesherr auf dieses vernünftige Gebot pfeift und trotzdem zu Unrecht einen Krieg beginnt?

Wenn du gewiß weißt, daß er Unrecht hat, so sollst du Gott mehr fürchten und gehorchen als den Menschen und sollst nicht Krieg führen noch dienen; denn du kannst da kein gutes Gewissen vor Gott haben. A 19/645

Was aber dann, so könnte Sie der Soldat fragen, wenn mein Herr mich einen Feigling nennt, mich zwingt oder gar mit dem Tode bedroht?

Das mußt du wagen und um Gottes willen fahren lassen, was da fährt. A 19/645

Und wenn dieserart im Stich Gelassene in ihrer Not zu Gott beten: »Gib Frieden, Herr!« Was sagen Sie denen?

Ich fürchte, das werden wir zu unseren Lebzeiten nicht erhalten, sondern erst im Grabe. B 212

→ **LEBEN**

Lassen Sie uns bitte einiges von Ihrer Lebensphilosophie wissen, Professor Luther!

Unser Leben ist ein steter Kampf wider die angeborene Sünde; denn was wir sonst an Verstand und Frömmigkeit haben, ist alles zu wenig. A 31 I/379

In diesem Leben müssen wir auch Gebrechen und Mangel haben. Bist du arm, hast du kein Haus oder andere Güter, so hast du auch Gebrechen; warum denkest du aber nicht daran, daß du einen gesunden Leib, gesunde Augen und andere Sinne, deine Stärke, Kinder und anderes hast? Dagegen ist dein Gebrechen gar gering und klein, das du daneben hast. A 16/293

Haben Sie einige Lebensregeln für unsere Leser parat?

Die Bibel gibt ganz klar und ganz kurz eine richtige Anweisung zum Leben. Für den Glauben: Glaube an Gott und liebe deinen Nächsten wie dich selbst usw. Für die Ordnung im Staat: Seid der Obrigkeit untertan; und für die Ordnung in der Familie: Liebt eure Frauen und erzieht eure Kinder. B 227

Unser Leben ist gleich wie eine Schiffahrt. Denn wie die Schiffsleute den Hafen vor sich haben, auf den sie ihre Fahrt richten, so ist uns die Verheißung des ewigen Lebens geschehen, daß wir in derselben gleich wie in einem Hafen sanft und sicher ruhen sollen. Weil aber das Schiff, in dem wir geführt werden, schwach ist und äußerst gefährliche Winde und Stürme gegen uns anlaufen, so ist es leicht einzusehen, daß wir bedürfen eines sehr weisen Steuermannes, der das Schiff mit seinem Rat so regiere und führe, daß es nicht an Steinklippen anstoße oder überhaupt untergehe.
Dieser unser Steuermann ist allein Gott, der das Schiff nicht nur erhalten will, sondern auch kann, auf daß es, ob es gleich von ungestümen Wellen hin und her geworfen wird, gleichwohl sicher und unversehrt in den Hafen kommen möge.
Er hat aber verheißen, daß er uns beistehen will, wenn wir ihn nur um Regierung und Hilfe bitten. Und solange wir diesen Schiffsherrn bei uns haben und behalten, so kommen wir aus aller Heftigkeit der Stürme und aus den Wogen sicher heraus. Wenn aber die im Schiff in der größten Gefahr den Steuermann mutwillig aus dem Schiff werfen, der sie doch durch seine Gegenwart und Rat erhalten könnte, in diesem Fall muß das Schiff verderben. Und man sieht deutlich, daß der Schiffbruch nicht durch Schuld des Steuermanns, sondern aus Mutwillen und Unsinnigkeit derer, die im Schiff gewesen sind, geschehen ist.
Dies Bild zeigt fein an, was die Ursache unseres Unglücks und Elends ist. B 120

Das Leben ist für die, welche glauben und göttliche Verheißung haben, nur eine Wallfahrt, auf der sie durch die Hoffnung auf ein künftiges und besseres Leben erhalten werden. A 44/663

Würden Sie das bitte noch etwas erläutern, Doktor Luther?

Wir sollen dieses Leben nicht anders ansehen als ein Fremdling und Pilger das Land betrachtet, in dem er ein Ausländer und Gast ist. Ein Fremdling darf nicht sagen: hier ist mein Vaterland; denn er ist da nicht heimisch. Ein Pilger gedenket nicht im Land zu bleiben, wo er wallet (umherschweift), und in der Herberge, in der er über Nacht bleibt, sondern sein Herz und Gedanken stehen anderswohin. In der Herberge nimmt er nur seine Nahrung, sein Mahl und Lager und wandert immer davon an den Ort, wo er daheim ist. So seid (auch) ihr Christen nur Fremdlinge und Gäste in dieser Welt und gehört in ein anderes Land und Reich, wo ihr eine stete Herberge und bleibende Statt habt ewiglich. Darum verhaltet euch auch wie Fremdlinge und Gäste in diesem fremden Lande und Gasthofe, aus dem ihr nicht mehr nehmt, als Essen, Trinken, Kleider, Schuh und was ihr für diese Nachtherberge bedürft, und denket: damit nur auf und davon in euer Vaterland, wo ihr Bürger seid. A 34 II/113

Wäre es möglich, daß das Leben eine alles verzehrende Flamme ist?

Unser ganzes Leben, das wir hier auf Erden führen, ist nichts anderes als der Tod, wenn wir auch nicht darauf achten. Unser Leben und der Tod sind nicht weit voneinander, wenn ich es mit rechten Augen ansehen könnte ... A 34 II/276

Dieses Leben ist nur ein Weg des Todes oder vielmehr ein schneller Lauf zum Tode. A 5/464

Das Leben ist eine gute Gabe Gottes, aber weil es so kurz ist und durch den Tod abgeschnitten wird, beklagen wir unser Unglück mit recht. A 40 III/526

Unser Leben ist vorerst ein Leben mitten im Tode, und dennoch bleibt auch mitten im Tode Hoffnung auf das Leben erhalten. A 42/147

Bleibt Hoffnung auch auf das Leben nach dem Tode?

Wie es sich aber mit diesem Leben (nach dem Tode) verhält, wenn der Leib tot ist, das kann nur geglaubt, aber nicht begriffen werden. Es ist genug zu wissen, daß wir leben, wenn auch gleich der Leib getötet ist. Wie wir aber leben sollen, das wissen wir jetzt nicht, denn dieses Leben ist in Gott verborgen. A 38/505

Geht es aber doch nicht etwas hoffnungsvoller?

In jenem zukünftigen Leben wird der Glaube aufhören und an seine Stelle wird die rechte und die vollkommene Tat und die Liebe treten. Anstelle des Glaubens wird nämlich die Klarheit der ewigen Herrlichkeit treten, in der wir Gott sehen, wie er ist. Dann erst gibt es eine wahrhaftige und vollkommene Erkenntnis Gottes, eine rechte Vernunft und einen rechten guten Willen, nicht nach Art der Philosophen und der Theologen, sondern eine himmlische, göttliche und ewige. A 40 I/428

→ **LEHRER**

Hätten Sie nicht das hohe Amt eines Professors für Bibelauslegung und eines Priesters dazu, welcher Berufung wären Sie dann am liebsten gefolgt, Herr Doktor Luther?

Es gefällt mir kein Stand so gut, ich wollte auch keinen lieber annehmen, als ein Schulmeister zu sein. A 32/65

Verraten Sie uns auch die Gründe für diese Ambition?

Ich weiß, daß dieses Werk nächst dem Predigtamt das aller-
nützlichste, größte und beste ist und weiß dazu noch nicht
(einmal), welches unter beiden das beste ist. Denn es ist
schwer, alte Hände zahm und alte Schälke fromm zu machen,
woran doch das Predigtamt arbeitet und viel umsonst arbeiten muß. Aber die jungen Bäumlein kann man besser biegen
und ziehen, wenngleich auch einige darüber zerbrechen.
A 30 II/579

Ich wollte, daß keiner zum Prediger gewählt würde, er hätte
denn zuvor Schule gehalten. Jetzt wollen die jungen Leute
alle sofort Prediger werden und fliehen die Schularbeit. Wenn
aber einer ungefähr zehn Jahre im Schuldienst gewesen ist,
dann kann er mit gutem Gewissen aufhören, denn die Arbeit
ist groß und wird ein wenig zu gering geachtet. Es ist aber
in einer Stadt ebensoviel an einem Schulmeister gelegen wie
an einem Pfarrer. Auf Bürgermeister, Fürsten und Adel können wir verzichten; auf Schulen aber kann man nicht verzichten ... B 199 f.

Wenn ich kein Prediger wäre, so weiß ich keinen Stand auf
Erden, den ich lieber haben wollte. Man muß aber nicht darauf sehen, wie es die Welt achtet und verlohnet, sondern wie
es Gott achtet und an jenem Tage rühmen wird. B 199 f.

**Meinen Sie nicht auch, daß der Schulmeister Lohn heut-
zutage recht karg ausfällt?**

Das sage ich in Kürze: einen fleißigen, frommen Schulmeister
oder Magister oder wer es ist, der Knaben treu erzieht und
lehrt, dem kann man nimmermehr genug lohnen und (ihn)
mit keinem Gelde bezahlen. A 30 II/579

Was erwarten Sie von einem quasi unbezahlbaren Lehrer?

Das ist eines Lehrers Pflicht und Schuldigkeit, daß er nicht nur seine Lehre vortrage, sondern auch fremde widerlege.
A 5/339

Das wird von einem Lehrer gefordert, daß er strafen und überzeugen kann ... Dies aber soll geschehen ohne Bitterkeit, ohne Zorn und Haß, daß man Besserung, nicht Rache suche.
31 II/679

→ LIEBE

»Du sollst den Herrn, deinen Gott, lieben von ganzem Herzen ... und deinen Nächsten, wie dich selbst.« Wir bitten Sie, uns zu erklären, Professor Luther, wie dieses Bibelwort Jesu mit seiner Triade: Gottesliebe / Nächstenliebe / Selbstliebe zu verstehen ist. Was heißt denn eigentlich Liebe?

Liebe heißt auf deutsch nichts anderes, als einem von Herzen günstig und hold sein und alle Güte und Freundschaft erbieten und zeigen. A 36/358

Die Liebe allein ist eine Tugend und schafft alle anderen Tugenden. A 9/90

Die Liebe ist das lieblichste und edelste, denn sie ist aus Gott und ist das Zeugnis und die Frucht unserer geistlichen Geburt ... Mit diesem Zeichen beweisen wir, daß Gott in uns ist. A 20/738

Die Liebe ist zugleich ein großer Feind und Freund; sie straft hart und hilft süß. Eine harte Schale, aber einen süßen Kern hat sie, bitter ist sie dem alten, aber süß dem neuen Menschen. A 10 I/266

Und was heißt nun: Gott von ganzem Herzen lieben?

Ich muß Gott so liebhaben, daß ich seinethalben alles aufgeben könnte, und wenn er's haben will, auch Leib und Leben, ja daß ich ihn allein liebhabe über alles. Denn Gott ist ein Eiferer, er kann es nicht leiden, daß man etwas mehr liebhabe als ihn; aber etwas weniger liebzuhaben als ihn, läßt er wohl zu ... So kann Gott wohl leiden, daß wir seine Schöpfung lieb haben, ... aber daß ich an den Dingen hänge und diese mit seiner Liebe vergleiche, das will und kann er nicht leiden; ja er will, daß ich das alles verleugnen und verlassen soll, wenn er es von mir begehrt und haben will, und daß ich zufrieden sei, ob ich die Sonne, Geld und Gut nimmermehr sehen sollte. Die Liebe zur Schöpfung soll der Liebe zu ihm weit, weit nachstehen ... Von ganzem Herzen Gott lieben, heißt Gott über alle Dinge lieben. A 10 I/361

Wer Gott recht lieben und seine Gebote halten will, der muß so beschaffen sein, daß er sein Gut, Leib und Leben lassen könne. A 45/154

Apostel Paulus nennt als weitere Triade: »Glaube, Hoffnung, Liebe; diese drei, aber die Liebe ist die größte unter ihnen.« Teilen Sie diese Auffassung, Professor Luther? Denn: Ist nicht der Glaube der größte von den dreien?

Die Liebe ist länger und breiter, denn Glaube und Hoffnung, denn der Glaube hat allein mit Gott im Herzen in diesem Leben zu tun; die Liebe aber hat mit Gott und aller Welt ewiglich zu tun. E 432

Die Liebe hat über alles andere die Vorherrschaft. Das weist nicht allein die ehrliche und eheliche Liebe ..., sondern auch das törichte Wüten der Jugend aus, denn es ist wahr, was der Dichter (Vergil) sagt: »Die Liebe überwindet alles.« A 31 II/757

Wie sieht es aus mit der Nächstenliebe?

Das ist das erste und höchste Werk der Liebe, was ein Christ, wenn er gläubig geworden ist, tun soll: daß er andere Leute auch zum Glauben bringe, wie er dazu gekommen ist. A 12/521

Die höchste Gnade Gottes ist es, wenn in der Ehe die Liebe dauernd blüht. Die erste Liebe ist feurig, eine trunkene Liebe, mit der wir geblendet werden und wie die Trunkenen hinangehen. Wenn wir die Trunkenheit ausgeschlafen haben, dann bleibt in den Frommen die echte Eheliebe, die Gottlosen aber haben die Reue. B 280

Aber was bedeutet Selbstliebe nach Ihrer Auffassung, Herr Luther?

Der Mensch liebt in verkehrter Weise sich selbst und sich allein. Diese Verkehrtheit kann nicht zurechtgebracht werden, es sei denn, daß man den Nächsten an die eigene Stelle setzt. A 56/126

→ LÜGEN

Wie halten sich nach Ihrer Erfahrung, Herr Doktor Luther, die Menschen an das Bibelwort Mose: »Du sollst kein falsch Zeugnis reden wider deinen Nächsten.«?

Der Mensch ist ein Lügner, aktiv und passiv; das heißt, er begeht und erleidet die Lüge, denn wer sich auf Menschenkinder verläßt, wird betrogen. B 230

Der Mensch hat mit vielen Tieren Ähnlichkeit in Fraß, Zorn, Haß, Faulheit usw., aber im Laster der Lügen übertrifft er sie, wird gleich dem Teufel, denn allein der Mensch ist lügnerisch, und sein Vater ist der Teufel. Es ist nämlich allein dem Menschen die Vernunft und die Gabe der Rede gegeben, daß er die Wahrheit reden soll. Und daher meine ich, es sei unter allen Scheltworten keins ärgerlicher, als wenn einer jemand ins Angesicht Lügner heißt. Dies Scheltwort kränkt einen weit mehr, als wenn man unkeusch, Trunkenbold, zornig und hoffärtig genannt wird. Und ich glaube, daß es die Natur um so eher empfindet, weil es dem Menschen ein unnatürliches Laster und der größte Feind der menschlichen Gesellschaft ist.
A 1/511

Die Welt will betrügen oder betrogen werden, darum hat die Welt mit der Wahrheit nichts zu schaffen. B 230

Mich dünkt, daß es kein schändlicheres Laster auf Erden gibt als Lüge und Untreue, was alle Gemeinschaft der Menschen zertrennt, denn Lüge und Untreue zertrennt erstlich die Herzen; wenn die Herzen getrennt sind, so gehen die Hände auch auseinander; wenn die Hände auseinander sind, was kann man da tun oder schaffen? A 51/259

Aber hat die Lüge im Irrtum nicht ihren Bruder und können denn nicht beide zu ihrer Mutter, der Wahrheit, zurückfinden?

Einen Irrenden wieder auf den rechten Weg zu bringen, ist leicht; aber einen Lügner, der mit allem Fleiß wider die Wahrheit streitet, wer kann den wieder zurechtbringen?
A 5/538

Woher kommt es aber, daß die Menschen so oft das Blaue vom Himmel herunterlügen?

Alle Menschen sind Lügner, und all ihre Ratschläge und Bemühungen sind Lügen, weil sie ohne den Glauben an Gott sind. A 5/107

Die nicht glauben, haben Gottes Wahrheit nicht. Darum bleiben sie immer Lügner, da allein der Glaube wahrhafte Leute macht. A 5/538

An welchen Attributen sind wohl die Lügen zu erkennen?

Hohe Schwüre zeigen tiefe Lügen an. A 7/208

Lügen sind wie ein Schneeball. Je länger man ihn wälzt, desto größer wird er. D 14

Die Schlange ist das Abbild der Lüge. Denn sie windet sich immer, ob sie läuft oder ob sie liegt, nur wenn sie tot ist, ist sie gerade. B 23

Das Sprichwort ist wahr, daß man sieben Lügen bedarf, eine Lüge zu bestätigen. A 5/243

Wie schafft man nun aber die Lügen aus der Welt?

Lügen ... werden allein damit zerstört, daß sie offenbar und erkannt werden. Sobald die Lüge erkannt wird, bedarf sie schon keines Schlages mehr, sie fällt und verschwindet von sich aus in alle Schande. A 8/678

Womit muß ein Lügner gewappnet sein?

Ein Lügner muß ein gutes Gedächtnis haben, weil jeder aus seinen Worten gerechtfertigt oder verdammt wird. B 230

→ MACHT

Macht macht mächtig, besonders wenn man regiert. Welche Beobachtungen machten Sie da, Professor Luther?

Die Welt mit Fürsten und Adel meint, daß sie regiere. Aber sie regiert nicht. Die Doktoren der Theologie meinen nicht, daß sie regieren. Aber sie regieren! Ein einziges Gewissen aufrichten, ist mehr, als hundert Köngreiche haben. F 101

Wie sieht es aus mit der Macht der Kirche?

Die Macht der Kirche ist keine andere als das Wort Gottes.
A 5/377

Keine Macht ist so groß, keine Befestigung so stark, daß Gott sie nicht erobern könnte. A 40 III/226

Christus hat kein Geld noch Beutel, auch kein irdisch Reich, denn dieselbigen allzumal hat er Königen und Fürsten gegeben; aber eins hat er ihm fürbehalten, das keines Menschen noch Engels Werk und Tun ist, nämlich, daß er ein Sieger ist über Sünde, Tod, Teufel und Hölle, und kann auch mitten im Tod retten und erhalten, die an ihn durch sein Wort glauben. F 101

→ MANN UND FRAU

»Der Mann ist des Weibes Haupt«, behauptet Apostel Paulus. Anerkennen Sie, Herr Luther, das als biblischen Beweis für die Vorherrschaft des Mannes?

Der Mann ist wie die Sonne am Himmel, das Weib wie der Mond. A 42/52

Wo Gott nicht Wunder tut und aus einem Mann einen Engel macht, kann ich nicht sehen, wie er ohne Gottes Zorn und Ungnade allein und ohne Weib bleiben könnte ..., denn was will er antworten, wenn Gott fragen wird: Ich habe dich zum Mann gemacht, der nicht allein sein, sondern ein Weib haben sollte. Wo ist dein Weib? Ich rede von einem natürlichen Mann. Denn wem Gott die Gnade der Keuschheit gibt, den lasse ich seinen Weg gehen. Aber sonst soll sich niemand aus der Schlinge ziehen, daß er ohne Weib sein und nach seinem Gefallen leben wollte, anders als ihn Gott geschaffen hat. A 18/410

Und was obliegt dem Mann?

Das ist das Erste, daß der Mann fleißig arbeiten soll, damit er sein Weib und Kinder ernähre. A 17 I/23

Dem Mann wird die Sorge auferlegt, daß er Arbeit auf dem Halse haben muß, an der er weder Gefallen noch Freude hat. Es soll auch keinen Mann geben, der diesen Schweiß nicht fühlt. A 42/157

Der Mann darf nicht denken, daß er deshalb ein Weib genommen habe, daß er nun (aller Pflichten) ledig sei, spazieren gehen, sich wie ein Junker aufspielen könne, oder daß ihn das Weib wie einen Junker ernähren solle. Nein, sondern der Mann soll sein Weib nicht anders als ein Vater sein Kind ernähren. A 17 I/22

Aber trifft man nicht oftmals auch auf eine verkehrte Welt?

Gott schuf Mann und Frau; die Frau: sich zu mehren, den Mann: zu nähren und zu wehren. Die Welt aber verdreht das sofort: die Frauen mißbraucht sie zur Unzucht, das Wehren zur Tyrannei. B 285

→ MÄSSIGKEIT

»Haltet Maß in allen Dingen«, forderte der jüdische Weisheitslehrer Jesus Sirach in seinem »Kirchenbuch«. Stimmen Sie dem zu, Professor Luther?

Mäßigkeit erweist sich nicht allein im Essen und Trinken, sondern im Maß halten in allem Wesen und Wandel, Worten, Werken, Gebärden, daß man nicht zu kostbar lebe und Überfluß an Schmuck und Kleidern meide, daß sich niemand zu sehr rühme und zu übermütig werde. A 14/20

Ein Christ soll auch im Essen und Trinken seinen Leib mäßigen und nüchtern halten und ihn nicht mit übermäßigem Fressen und Völlerei beladen und verderben, auf daß er wacker, vernünftig und geschickt zum Gebet sei, denn wer sich nicht befleißigt, nüchtern und mäßig seines Amts oder Standes zu warten, sondern eine volle Sau und täglich ein Trunkenbold ist, der kann auch weder zum Gebet noch zu anderen christlichen Sachen geschickt sein; ja er nützt auch sonst zu nichts. A 47/785

Wie oft und wie lange empfehlen Sie abstinent, zumindest aber mäßig zu leben?

Es ist jedermann geboten, mäßig, nüchtern und züchtig zu leben; nicht (nur) einen Tag oder ein Jahr, sondern täglich und immerdar; was die Schrift sobrietas = nüchtern leben nennt. Wenn sie gleich die hohen Fasten nicht alle halten können, daß sie es doch so weit bringen, mit Essen und Trinken, Schlafen und aller Notdurft des Leibes Maß zu halten, wie es zur Not und nicht zum Überfluß und Mutwillen diene, und nicht so hier leben, als ginge es nur um Fressen und Saufen, Tanzen und Springen. Ob aber zuweilen aus Schwachheit etwas darüber geschieht, das gehe mit (auf) in den Artikel, der da heißt Vergebung der Sünde, wie andere tägliche Gebrechen. A 32/433

→ MENSCH

Stimmen Sie dem altgriechischen Dichter Sophokles zu, der da meinte: »Nichts ist gewaltiger als der Mensch.«?

Der Mensch ist eine besondere Kreatur, dazu geschaffen, daß er der Göttlichkeit und Unsterblichkeit teilhaftig ist, denn ein Mensch ist eine bessere Kreatur als Himmel und Erde mit allem, was in ihnen ist. A 42/87

Es ist unmöglich, daß ein natürlicher Mensch, der Blut und Fleisch ist und nicht durch den Geist Gottes unterwiesen ist, die Dinge richten und verstehen sollte, die Gott zugehören ... A 17 II/389

Der Mensch muß ein Bild entweder Gottes oder des Teufels sein. Denn nach wem er sich richtet, dem ist er ähnlich. A 24/51

Es ist das unverschämteste Laster und der größte Betrug des Satans, daß wir Menschen mehr als Gott vertrauen. B 233

Ist es nicht so, Doktor Luther, daß die Menschen einander gleichen oder sich unterscheiden?

Es gibt drei Arten von Menschen: 1. die Mehrzahl der Menschen, die ganz selbstsicher ohne die geringste Gewissenspein so dahinleben und kein Gefühl für den Zorn Gottes haben; 2. die Gott, durch das Gesetz erschreckt, fliehen und mit der Verzweiflung ringen ... 3. die, welche in ihrem Schrecken schließlich die Predigt des Evangelismus von der gnädigen Vergebung der Sünden hören und sie annehmen. B 234

Ein Christ ist vor Gott passiv, weil er hier nur empfängt, und vor den Menschen, denn hier duldet er nur. Das Gute empfängt er von Gott und das Böse von den Menschen. B 235

Keines Menschen Leben verläuft völlig in Frieden, denn jeder hat seine Anfechtung, und sollte er sich gleich selbst Unruhe machen, denn niemand ist mit seinem Los zufrieden. Der Verheiratete möchte unverheiratet, der Unverheiratete verheiratet sein; der Herr möchte ein Knecht, der Knecht der Herr sein; der Arme möchte reich sein, und der Reiche möchte gern noch mehr haben. B 254

Wie sehen Sie denn bei uns Menschen den Lauf der Dinge?

Ein junger Mensch ist wie ein junger Most, er läßt sich nicht halten, er muß gären. Wir essen und trinken uns zu Tode, schlafen, feisten, furzen uns zu Tode. Wir haben schöne Gründe, stolz zu sein. So viele Glieder wir haben, so vielen Toden sind wir unterworfen. Mädchen lernen früher reden und gehen als die Knaben, denn Unkraut wächst sich immer schneller heraus als das Gute. So werden auch Jungfrauen eher reif als Jünglinge. D 35

Das Erlaubte stößt ab, viel schärfer reizt das Verbotene. Das ist die Schwachheit unserer Natur. F 146

→ **MORD**

Grausame Gewaltherrscher haben tausende unschuldige Seelen auf dem Gewissen; wäre es da nicht besser, sie rechtzeitig ins Jenseits zu befördern?

Ob es erlaubt sei, einen Tyrannen zu töten, der gegen Recht und Ordnung willkürlich lauter Böses tut? Einem Privatmann ist es nicht erlaubt, selbst wenn er es könnte, denn das verbietet das fünfte Gebot: Du sollst nicht töten! Wenn ich aber einen bei meiner Frau oder Tochter erwischte, könnte ich ihn – (natürlich) auch den Nichttyrannen – umbringen. Auch wenn er einem sein Weib, dem anderen die Tochter, dem dritten sein Feld und Gut und noch einem anderen sein Haus und seinen Besitz wegnähme, und die Bürger könnten seine Gewalt und das Schreckensregiment nicht länger ertragen und sie verschwörten sich untereinander, dann dürften sie ihn umbringen ... B 192

→ MUSIK

Stimmen Sie dem zu, der da meint, Musik sei die Sprache der Engel?

Einer der schönsten und herrlichsten Gaben Gottes ist die Musik. Der Satan ist ihr Feind, weil man mit ihr viele Anfechtungen und trübe Gedanken vertreiben kann. Die Musik ist eine der schönsten Künste. Die Noten machen den Text lebendig, sie verjagt den Geist der Traurigkeit ... D 59

Musik ist das beste Labsal für einen betrübten Menschen. Sie macht das Herz wieder friedlich, sie erquickt und erfrischt. D 59 f.

Musik ist schon die halbe Disziplin, weil sie die Leute sanftmütiger, sittsamer und vernünftiger macht. D 60

Ich wünschte gewiß von Herzen, daß jeder die göttliche und vortreffliche Gabe der Musik lobte und priese. Ich werde von der Menge und Größe ihrer guten Eigenschaften so überschüttet, daß ich weder Anfang, Ende noch Maß meiner Rede finden kann. A 50/368

Und wie sieht es mit Ihrem musikalischem Talent aus, Herr Luther?

Ich kann mir meine geringe musikalische Begabung nicht um alles in der Welt verzeihen. Die Jugend soll man stets an diese Kunst gewöhnen, denn sie macht feine, geschickte Leute aus ihnen. D 61

Was also empfehlen Sie zu tun?

Musik muß in der Schule unterrichtet werden. Ein Schulmeister muß singen können, sonst sehe ich ihn nicht an. Man soll auch junge Männer nicht zum Predigtamt zulassen, wenn sie sich nicht vorher in der Schule darin versucht und geübt haben. D 60 f.

Gibt es im Zusammenhang mit der Musik Sorgen, die Sie bedrücken?

Einst war die Musik heilig und göttlich. Im Laufe der Zeit aber geriet sie in den Dienst des Prunks und der Begierde. A 5/98

Einige von Adel und Finanz meinen, sie hätten meinem gnädigsten Herrn jährlich 3 000 Gulden an der Musik erspart. Statt dessen vertut man unnütz 30 000 Gulden! Könige, Fürsten und Herren müssen die Musik erhalten, denn große Potentaten und Regenten haben die Pflicht, sich um die freien Künste zu kümmern. Zwar haben auch einzelne Privatleute Lust an der Musik und lieben sie, aber sie können sie nicht finanzieren. D 59

→ MUT

Was sagen Sie zu dem Sprichwort: »Dem Mutigen hilft Gott.«?

Der Welt Mut ... bleibt und steht nicht länger, als ein Vorrat vorhanden ist, auf den man sich verläßt; daher sagt man: Gut macht Mut; d.h. der Mut kommt vom Mammon und weltlicher Gewalt, ist steif und stolz und brüstet sich mit zeitlichen Dingen. A 17 I/435

Wie die Weltleute mutig und stolz sind, so sind es die Christen auch; aber sie sind noch viel größer und stärker durch den heiligen Geist, daß sie unerschrocken gegen die Welt, Teufel, Tod und alles Unglück sind. Das heißt nun eine geistliche Stärke, denn das hebräische Wort Geist sollte man billigerweise verdeutschen: ein Mut, der da trotzig und kühn ist, denn geistliche Stärke liegt nicht im Bein noch im Fleisch, sondern das Herz und der Mut selbst machen's; umgekehrt heißt Schwachheit, verzagt und feig sein und es an Mut fehlen lassen. A 17 I/435

Wir sollen uns vor der Welt nicht fürchten, sondern mutig sein. Vor Gott aber sollen wir uns demütigen und fürchten. E 490

Wie ist es mit dem Mut bei Ihnen selbst bestellt, Herr Luther?

Ich wünschte, ich hätte einen festeren und beständigeren Mut, der nicht allein die Drohungen der Tyrannen, die Ketzereien – von Fanatikern ausgesät –, die Ärgernisse und Unruhen – von denselben Leuten erregt – einfach verachten könnte. Einen solchen Mut wünschte ich mir, der auch den Schrecken und Schmerz des Herzens sogleich vertriebe, schließlich selbst vor dem Tode nicht zurückschreckte, sondern ihn als einen hochwillkommenen Gast aufnähme ... Andere haben niedere Versuchungen zu bestehen, wie z. B. Armut, Schande, Unduldsamkeit. A 17 I/435

→ NÄCHSTENLIEBE

Professor Luther, wie erklären Sie uns das Bibelwort: »Du sollst deinen Nächsten lieben wie dich selbst.«?

Nächstenliebe achtet nicht auf ihr Eigenes, sieht auch nicht auf groß oder gering, sondern wie nützlich und nötig die Werke dem Nächsten oder der Gemeinde sind. A 11/261

Verflucht sei das Leben, das einer allein für sich selbst lebt und nicht seinem Nächsten. Wiederum gesegnet sei das Leben, in dem einer nicht sich, sondern seinem Nächsten lebt und dienet mit Lehre, Strafe, Hilfe und womit es sei und wie es geschehen mag. A 10 I/240

Würden Sie uns wohl an einem Beispiel wissen lassen, *wie* wir unseren Nächsten lieben sollen?

Willst du wissen, wie du deinen Nächsten lieben sollst, und dafür ein klares Beispiel haben, so bedenke mit Fleiß, wie lieb du dich selbst hast. Dann wirst du ganz gewiß ängstlich wünschen, daß man dich auch in Not und Gefahren lieb hat und dir mit jedem Rat zur Seite steht – mit Rat und Tat nicht nur aller Menschen, sondern auch aller anderen Kreaturen. Dazu brauchst du kein Buch, das dich erzieht und ermahnt, wie du deinen Nächsten lieben sollst. Denn du hast in deinem Herzen das allerfeinste und beste Buch, in dem alle Gesetze enthalten sind. Du brauchst auch keinen Doktor dazu. A 40 II/72

→ OBRIGKEIT

Könnte ein Staat nur von geistlicher oder nur von weltlicher Macht regiert werden, Doktor Luther?

Wenn alle Welt rechte Christen, d.h. Rechtgläubige wären, so wäre kein Fürst, König, Herr, Schwert, noch Recht nötig oder nütze ... A 11/249

Das ist das Nötigste in der Welt, daß man ein streng weltlich Regiment habe. Die Welt kann nicht nach dem Evangelium regiert werden, denn das Wort ist zu gering geachtet und betrifft nur einen kleinen Kreis von Menschen, ergreift nur wenige, der tausendste Mann nimmt es nicht an; darum kann man kein äußerliches Regiment damit anrichten. Der heilige Geist hat einen kleinen Haufen; die andern sind alle Huren und Buben, die müssen ein weltlich Schwert haben. Wo weltliches Regiment sein Amt nicht streng braucht, da reißt ein jeder (alles) an sich in seinen (eigenen) Sack; alsdann erfolgt Aufruhr, Mord Krieg, Weib und Kinder schänden, daß niemand sicher leben kann. Der Pöbel ist nicht christlich. Könige, Fürsten und Herren müssen das Schwert führen und die Köpfe abhauen. Die Strafe muß bleiben, daß die anderen in Furcht gehalten werden, die Frommen das Evangelium hören und bei ihrer Arbeit ausharren, damit jeder still und ruhig sei. Die Apostel haben (in ihrer Predigt) große Sorgfalt auf das weltliche Schwert verwendet. A 17 I/149

Wie erklären Sie uns das Sprichwort: »Obrigkeit, bedenk dich recht, Gott ist dein Herr, du bist sein Knecht.«?

Gott will, daß die Gemeinde der Obrigkeit gehorsam sei um Gottes willen; umgekehrt soll die Obrigkeit Recht und Friede handhaben, auch um Gottes willen, daß es so in diesem Leben fein zugehe in Gottesfurcht und Gehorsam. Wer aber das Seine

104

nicht tun will, sondern wenn die Gemeinde ungehorsam und die Obrigkeit mutwillig ist, (dann) sollen sie beide vor Gott des Todes schuldig sein und gestraft werden: Die Gemeinde durch die Obrigkeit, die Obrigkeit durch Gott, der die Gewaltigen vom Stuhl stoßen und ihren Stamm mit Namen und Gedächtnis ausrotten kann, wie denn die Beispiele wohl anzeigen. A 31 I/193

Gleichviel, die Obrigkeit sei gut oder böse, so sollen wir ihr unterworfen sein, wenn anders sie über leibliche Dinge gebietet. Wenn sie aber auch über geistliche Dinge gebieten wollte, so greift sie Gott in sein Gericht und setzet sich auf seinen Stuhl. Da soll man ihr nicht folgen oder gehorsam sein. A 15/667

Ist es nicht recht und billig von Gott gewollt, daß sich das Volk gegen die Obrigkeit wegen allzu heftiger Unterdrückung und Ausplünderung auflehnt?

Du darfst die Obrigkeit nicht schelten, wenn du zu Zeiten von den Fürsten und Tyrannen unterdrückt wirst und wenn sie ihre Gewalt mißbrauchen, die sie von Gott haben. Sie werden doch Rechenschaft darüber ablegen müssen. Der Mißbrauch einer Sache macht diese nicht böse, wenn sie nur an sich selbst gut ist. Eine goldene Kette ist gut; sie wird auch dadurch nicht ärger, daß sie irgendeine Hure am Hals trägt. A 10 I/426

Ich rate, daß ein jeder, der mit gutem Gewissen hierin fahren und recht tun will, der sei mit der weltlichen Obrigkeit zufrieden und vergreife sich nicht an ihr und bedenke, daß weltliche Obrigkeit der Seele keinen Schaden tun kann. A 19/640

So demütig, wie ich mich zeige, wenn mir Gott eine Krankheit schickt, so demütig soll ich mich auch gegen böse Obrigkeit erweisen, die mir ebenderselbe Gott auch vorsetzt. A 6/73

Aber sollen denn die durch Pest und andere schlimme Krankheiten bedrohten oder befallenen Untertanen sich nicht wehren dürfen, Herr Doktor Luther?

Der Obrigkeit soll man nicht mit Gewalt widerstehen, sondern nur mit dem Bekenntnis der Wahrheit; kehret sie sich dran, ist's gut; wo nicht, so bist du entschuldigt und leidest Unrecht um Gottes willen. A 11/277

Also keinen Aufruhr oder wenigstens Reformierung?

Obrigkeit ändern und Obrigkeit bessern sind zweierlei Dinge, die weit voneinander (entfernt sind) wie Himmel und Erde. Ändern kann leicht geschehen; Bessern ist mißlich und gefährlich. A 19/639

Weshalb lehnen Sie bessern durch Aufstand ab?

Es steht nicht bei unserm Willen oder Vermögen, sondern allein in Gottes Willen und Hand. A 19/639

Heißt das denn nicht, die Untertanen haben sich mit dem Unrecht der Obrigkeit abzufinden?

Wenn Unrecht erduldet werden soll, dann ist's besser, von der Obrigkeit (Unrecht) zu leiden, als daß es die Obrigkeit von den Untertanen leide, denn der Pöbel hat und weiß kein Maß, und in einem jeden stecken mehr als fünf Tyrannen. Nun ist's besser, von einem Tyrannen, d.h. von der Obrigkeit, als von unzähligen Tyrannen, d.h. vom Pöbel, Unrecht leiden.
A 19/635

→ OSTERN

Zum Osterfest, so sagten Sie, Professor Luther, gedenken die Christen der Wunder Gottes. Welche Wunder sind da gemeint?

Es ist, daß man die unaussprechlichen Wunder öffentlich loben, predigen und bekennen soll, die Gott uns durch Christus getan hat, nämlich: wir waren in Sünden verdammt, im Tode verloren, unter dem Teufel gefangen. Davon hat er uns durch sein Blut und Tod errettet, von der Sünde zur Gerechtigkeit, vom Tode zum Leben, vom Teufel zu Gott gebracht ... A 31 I/412

Aber sollte man sich denn nicht an jedem Tag dieser Wunder erinnern?

Bei uns Christen ist alle Tage Ostern, nur daß man einmal im Jahr Ostern besonders feiert ..., was nicht unrecht, sondern fein und löblich ist, daß man auch die Zeit einhält, zu der Christus gestorben und auferstanden ist. Jedoch soll man das Gedächtnis seines Leidens und Auferstehens nicht an solche Zeit gebunden halten, sondern kann es alle Tage tun, wie er sagt: So oft ihr solches tut, so tut's zu meinem Gedächtnis. A 31 I/397

→ PFARRER

Was sei denn nach Auftrag von Jesus Christus eines Pfarrers Amt, Herr Professor?

Christus hat das Predigtamt nicht dazu gestiftet und eingesetzt, daß es diene, Geld, Gut Gunst, Ehre und Freundschaft zu erwerben oder seinen Vorteil damit zu suchen, sondern daß man die Wahrheit frei öffentlich an den Tag bringe, das Böse strafe und sage, was zur Seelen Nutz, Heil und Seligkeit gehört. A 32/304

Ein Pfarrer oder Prediger macht nicht das Evangelium, und durch sein Predigen oder Amt wird sein Wort auch nicht zum Evangelium. Sonst müßte alles Evangelium sein, was er redete, sondern er reicht und gibt allein durch sein Predigen das Evangelium, denn das Evangelium ist zuvor da und muß zuvor da sein. A 38/239

Jeder Christ hat und übt Priesterwerke, aber darüber steht nun das Amt, das die Lehre öffentlich führt und treibt, dazu gehören Pfarrer und Prediger, denn in der Gemeinde können nicht alle das Amt innehaben; so schickt sich's auch nicht, in jedem Hause zu taufen und das Sakrament zu reichen. Darum muß man etliche dazu auswählen und ordnen, die zu predigen geschickt (sind) und sich dazu in der Schrift üben, die das Lehramt führen und die Lehre verteidigen können; ebenso verwalten sie die Sakramente für die Gemeinde, damit man wisse, wer da getauft worden sei und daß alles ordentlich zugehe. Sonst würde langsam eine Kirche werden oder bestellt werden, wo ein jeglicher Nachbar dem andern predigte, oder (wo sie) untereinander alles ohne Ordnung täten. A 41/213

Wer Prediger sein will, der hüte sich aufs höchste vor eitler Ehre und Geiz, oder wenn er sich damit belastet fühlt, meide er das Predigtamt. Er wird sonst nichts Gutes schaffen, sondern nur Gott schänden, die Seelen verführen und Gut stehlen und rauben. A 17 II/144

Das gehört auch zu einem Prediger, daß er nicht das Maul halte und nicht allein öffentlich das Amt führe, daß jedermann schweigen und ihn auftreten lassen müsse als den, der göttlich Recht und Befehl hat, sondern auch das Maul frisch und getrost auftue, d. h. die Wahrheit und was ihm befohlen ist, zu predigen, nicht verschweige noch murmle, sondern ohne Scheu und unerschrocken, ohne Ansehen der Person und ohne

Schonung bekenne und dürr heraussage, es treffe wen oder was es wolle. A 32/304

Dessen soll ein jeder gewiß sein in der Christenheit, daß die Prediger, Lehrer und Pfarrer, ja alle, die das Wort vortragen, gewiß sind, daß ihre Predigt nicht ihr eigen sei, sondern sie wissen fürwahr, daß es Gottes Wort sei ... A 33/355

Ein evangelischer Prediger soll nicht allein die Güter dieser Welt nicht begehren, sondern standhaft alles Übel und Verfolgungen bis in den Tod verachten. A 17 II/144

Was bedeutet das alles summa summarum?

Eines Predigers Amt ist eigentlich darauf gerichtet, daß er immerdar liebe, predige, helfe, rate und die Hörer zum Glauben und zur Liebe anhalte. A 46/192

Sechs Stücke gehören zu einem Prediger, wie ihn die Welt jetzt haben will: 1. daß er gelehrt sei; 2. daß er eine gute Aussprache habe; 3. daß er beredt sei; 4. daß er ein schöner Mensch sei, den die Mägdlein und Fräulein liebhaben können; 5. daß er kein Geld nehme, sondern Geld einbringe; 6. daß er redet, was man gerne hört. D 43

Gilt bei einer solchen Fülle ehrenhafter Aufgaben dann auch für einen Pfarrer das Bibelwort des Apostels Paulus: »Ehre, dem die Ehre gebührt.«?

Auch ein Pfarrer arbeitet »im Schweiße seines Angesichts«, was gewiß eine sehr große Arbeit ist: mit dem Kopf zu arbeiten, wenn er (nämlich) treu studiert (hat), damit er durch Predigen und dem Reichen des Sakraments sein Amt ausrichten kann. A 17 I/23

Was rechtschaffene, fromme Herzen sind, die sollen ihre Pfarrer und Prediger mit aller Demut und Liebe um des Herrn Christi und seines Worts willen in allen Ehren halten und sie als ein köstliches Geschenk oder Kleinod hoch achten, von Gott gegeben, über alle zeitlichen Schätze und Güter. Wer sie aber verachtet, der wisse, daß er kein Christ ist und den Schatz wieder verloren hat. A 32/454

Ein christlicher Prediger ... ist ein besonderer Diener Gottes, ja ... ein Engel Gottes, ein rechter Bischof vor Gott, ein Heiland vieler Leute, ein König und Fürst in Christi Reich und unter Gottes Volk, ein Lehrer, ein Licht der Welt ... Es ist kein teurer Schatz noch edler Ding auf Erden und in diesem Leben als ein rechter treuer Pfarrer oder Prediger. A 30 II/533

Geht demnach die Person über das Wort Gottes?

Wer dem Wort glaubt, der achtet nicht auf die Person, die das Wort sagt, und ehrt auch nicht das Wort um der Person willen; sondern im Gegenteil, die Person ehrt er um des Wortes willen, stellt immer die Person unter das Wort. Und ob die Person unterginge oder gleich vom Glauben abfiele und anders predigte, so läßt er eher die Person als das Wort fahren ... A I/129

→ REDNER

Wie kann man als Redner erreichen, daß man sein Thema, nicht seine Zuhörer erschöpft?

Ein guter Redner soll diese Eigenschaften und Tugenden haben: Zum ersten, daß er einen fein richtig und ordentlich lehren könne. Zum zweiten soll er einen feinen Kopf haben. Zum dritten wohl beredt sein. Zum vierten soll er eine gute Stimme haben. Zum fünften ein gut Gedächtnis. Zum sechsten soll er wissen aufzuhören. Zum siebenten soll er seines Dinges gewiß und fleißig sein. Zum achten soll er Leib und Leben, Gut und Ehre dransetzen. Zum neunten soll er sich von jedermann verspotten lassen. B 148

Eines guten Redners Amt oder Merkzeichen ist, daß er aufhöre, wenn man ihn am liebsten hört und meint, es werde erst kommen. Wenn man ihn aber mit Überdruß hört und das Ende der Rede erwartet, das ist ein böses Zeichen ... Wenn man sagt: »Ich hätte noch wohl länger zuhören mögen«, so ist's gut; wenn man aber sagt: »Er war in das Schwätzen gekommen und konnte nimmermehr aufhören«, so ist's ein böses Zeichen. B 149

→ REICHTUM

Wäre es möglich, daß die Glücklichen reich, die Reichen aber nicht glücklich sind?

Große Schätze bringen große Not. Ich bin reich, wenn ich auch nicht viel habe, weil ich das Meine genieße. Ich mache mir keine Sorgen, wie ich meinen Reichtum vor anderen verheimliche. Die Sorge darum, wie man sein Geld erhält, ist die schrecklichste Knechtschaft. B 266

Ein Mensch, der sich der Welt Reichtum und Ehre ergeben hat und indessen seiner Seele und Gottes vergißt, der ist gleich einem kleinen Kind, das einen Apfel in der Hand hält, der schön ist von Gestalt und äußerlicher Farbe, und meint, es habe etwas Gutes; inwendig aber ist er faul und voller Würmer. B 264

Reichtum ist das allergeringste Ding auf Erden, die kleinste Gabe, die Gott einem Menschen geben kann. Was ist's im Vergleich zu Gottes Wort? Ja, was ist's noch im Vergleich zu leiblichen Gaben und Schönheit und im Vergleich zu den Gaben des Gemüts? Dennoch strebt man so emsig danach! In keiner Hinsicht ist am Reichtum etwas Gutes. Darum gibt unser Herrgott für gewöhnlich Reichtum den groben Eseln, denen er sonst nichts gönnt. B 264

→ REISEN

Sie sind in Ihrem Leben schon in so manchen deutschen Landen umhergekommen, Herr Luther. Haben Sie da noch besondere Erinnerungen an Land und Leute?

Wenn ich viel reisen sollte, wollt ich nirgend lieber denn durch Schwaben und Bayernland ziehen, denn sie sind freundlich und gutwillig, herbergen gerne, gehen Fremden und Wandersleuten entgegen und tun den Leuten gütlich und gute Ausrichtung um ihr Geld. Hessen und Meißner tun es ihnen etlichermaßen nach, sie nehmen dafür aber auch Geld. Sachsen ist gar unfreundlich und unhöflich, da man weder gute Worte noch zu essen gibt. F 181

Thüringerland hat ein schwarz, schleimig Erdreich, macht den Fuhrleuten, wenn es geregnet hat und naß ist, schwer fahren und bösen Weg. F 182

O Leipzig, du böser Wurm! Dich wird ein großes Unglück übergehen von wegen deiner Hurerei, Hoffart und des Wuchers halben. Du bist ärger denn als Sodoma und Gomorra, darum wird dich Gott greulich strafen. Ich will's aber nicht erleben ... Wollt Gott, sie besserten sich. F 183 f.

→ RELIGION

Was antworten Sie dem, der da meint, Religion sei das Krankenhaus der Seelen, welche die Welt verletzt hat?

Die Religion ist das beste unter allen menschlichen Werken, und doch wird sie verdammt, wenn sie sich nicht auf das Wort Gottes gründet. A 25/383

Nicht wenige Religionen gibt es auf der Welt: Christentum und Islam, Hinduismus und Buddhismus, Shintoismus und Judentum. Gibt es für Sie, Professor Luther, eine einzig wahre Religion?

Die wahre und einzige Religion und Gottesdienst ist dieser, daß man an die Vergebung der Sünden glaubt, die Gott aus Gnaden gibt, ohne alle Werke ... aus Barmherzigkeit. A 25/287

→ SCHÖNHEIT

Was sagen Sie zu der Meinung des griechischen Philosophen Heraklit, daß die versteckte Schönheit reizvoller sei als eine für alle Augen sichtbare?

Die Tugend, die aus einem schönen Körper kommt, ist (einem) willkommen. Wenn viele Tugenden hinzukommen, dann wird die Gestalt noch viel vortrefflicher. Wie ja auch eine schöne Frau nicht die Schönheit ihres Leibes ziert, sondern vielmehr ihre Züchtigkeit, ihr Maßhalten, ihre Demut und daß sie nicht unfreundlich ist. Diese Tugenden sind jeder (äußerlichen) Schönheit bei weitem überlegen und selbst die weniger Schönen werden (durch diese Tugenden) annehmbar und geschmückt ... Die Tugend nämlich ist eine größere Zierde für den Menschen als die (äußerliche) Schönheit. Trifft aber

113

beides zusammen, dann ist das eine unfehlbare Fessel der Liebe; es muß einen fangen. A 44/355

→ SCHULD

Stimmen Sie dem zu, der da meint, Schuld und Strafe seien nicht zweierlei, sondern eins?

Die Toren vergessen ihre Schuld, welche Strafe verdient hat, und sehen allein die fremde Schuld, welche die Strafe an uns vollzieht. A 5/102

Der Mensch kann ohne Erlassen der Strafe selig werden, aber durchaus nicht ohne Erlassen der Schuld. A 1/630

Der Christ bleibt eben dadurch niemandem etwas schuldig, daß er sich selbst jedem in jeder Weise schuldig bekennt. A 17 II/90

Wie richtet Gott über die Schuldigen?

Gott ist ein wunderlicher Gott in seinem Recht und Gericht, daß der größere Schuld hat, der nicht vergibt, als der, welcher Schaden und Leid getan hat. A 2/118

Die Sünder werden gestraft, entweder durch Reue oder durch Zorn. B 250

Gott straft selbst, aber heimlich, entweder durch Armut, durch eine böse Frau, durch ungehorsame Kinder und auf viele andere Weise. Was für eine Strafe wünscht du also? B 250

→ SPRACHEN

Wie ist Ihre Vermahnung zu verstehen, daß dort, wo die Sprachen vernachlässigt werden, letztlich auch das Evangelium untergehen müsse?

Wir können nicht leugnen, daß, obwohl das Evangelium allein durch den Heiligen Geist gekommen ist und noch täglich kommt, es doch durch die Sprachen (zu uns) kommt und auch dadurch verbreitet worden ist. Es muß auch dadurch erhalten werden. A 15/37

Wir werden das Evangelium nicht gut ohne die Sprachen erhalten. Die Sprachen sind die Scheide, darin dieses Messer des Geistes steckt. Sie sind der Schrein, darin man dieses Kleinod trägt. Sie sind das Gefäß, darin man diesen Trank faßt. Sie sind die Kammer, darin diese Speise liegt. Und wie das Evangelium zeigt, sind sie die Körbe, darin man diese Brote, Fische und Brocken bewahrt. Ja, wenn wir es versäumen und die Sprachen fahren lassen, dann werden wir nicht allein das Evangelium verlieren, sondern es wird auch endlich dahin kommen, daß wir weder lateinisch noch deutsch recht reden oder schreiben können ... A 15/38

Wo aber die Sprachen sind, da bleibt es frisch und stark, die Schrift wird fleißig betrieben, und der Glaube wird durch immer andere Worte und Werke neu geboren. A 15/38

→ SPRICHWÖRTER

Ein gutes Werk könnten Sie für unsere Leser tun, Herr Luther, wenn Sie auf jedes Stichwort kurz und bündig mit einem Ihrer Sprichwörter antworteten! (C 70–77)

Alter? Alter schützt vor Torheit nicht.

Anpassung? Wer bei den Wölfen sein will, muß mit ihnen heulen.

Armut? Armut wehe tut.

Ausgaben? Eine Henne scharrt mehr weg, als ein Hahn zusammenscharrt.

Ehrlichkeit? Was nicht dein ist, das laß liegen!

Eigenwille? Was die Kinder sehen, das wollen sie haben.

Ergebnis? Wenn das Ende gut ist, so ist alles gut.

Fähigkeiten? Es krümmt sich bald, was ein Haken werden will.

Falschheit? Hüte dich vor den Katzen, die vorne lecken und hinten kratzen.

Fehlbarkeit? Gute Meister fehlen auch.

Geben? Wenig soll man mit Liebe teilen.

Geduld? Gut Ding will Weile haben.

Gewohnheit? Jung gewohnt, alt getan.

Gleichgesinnte? Eine Krähe hackt der anderen kein Auge aus.

Klugheit? Glaube, liebe, sage, tue nicht alles, was du hörst, siehst, weißt, willst!

Kunst? Kunst geht nach Brot.

Schaden? Wer den Schaden hat, braucht für den Spott nicht zu sorgen.

Schmeicheln? Frauen soll man loben, es sei wahr oder gelogen!

Sorgen? Kleine Kinder, kleine Sorgen; große Kinder, große Sorgen.

Übertreibung? Man biegt's so lange, bis es bricht.

Unbelehrbarkeit? Alter hilft vor Torheit nicht.

Unehrlichkeit? Unrecht Gut gedeihet nicht.

Vergessen? Aus den Augen, aus dem Herzen.

Verschwiegenheit? Stille Wasser sind tief.

Vorteil? Wer ehr kommt, der malt ehr.

Zuständigkeit? Was dich nicht brennt, das lösche nicht!

→ STREITEN

Streit sei der Vater aller Dinge, behauptete Heraklit, aber er vergaß, die Waffen zu nennen. Sind die nicht recht unterschiedlich, Herr Doktor Luther?

Wir (die Gläubigen) streiten auf andere Weise als die Gottlosen; diese streiten mit Gewalt und Aufruhr, wir aber mit Gebet, mit dem Wort und mit Geduld. A 5/234

Christen streiten für sich selbst nicht mit dem Schwert, noch mit Kanonen, sondern mit dem Kreuz und Leiden, gleich wie ihr Herzog Christus. A 18/315

→ SÜNDE

Nach den Lehren Jesu sind alle Menschen Sünder, insofern sie die Gebote Gottes übertreten. Dürfen sie auf göttliche Vergebung hoffen?

Es gibt zweierlei Sünde: eine, die man bekennt; die soll niemand unvergeben lassen. Die andere, die man verteidigt; die kann niemand vergeben, denn sie will nicht Sünde sein, noch Vergebung empfangen ... A 32/426

Wie kommt es aber, daß wir nicht nur durch unser Mißverhältnis zu Gott, sondern auch zu unseren Mitmenschen und auch zu uns selbst sündigen?

Wer zur Sünde reizen will, muß schön sein. Ein schlechter, einfältiger Bauer, ein ungelehrter Mann oder eine häßliche Magd, ein unflätiger Sack wird niemanden zu Ketzerei, Geiz, Hurerei, Trunksucht oder Stolz reizen, sondern dazu gehört schon eine feine glatte Zunge, guter Taler, schöne Frauen, süßer Wein, schöner Samt usw. So reizt der Satan einen Menschen zur Sünde – durch die allerreinsten und schönsten Geschöpfe. D 28 f.

Und weshalb bleibt es zumeist nicht nur bei einem Sündenfall?

Keine Sünde ist allein, sondern eine zieht immer die andere nach sich. Und das pflegt bei allen Sünden so zu sein: Wer nicht bald wieder aufsteht und zur Einsicht kommt, der gerät (gleich wieder) in eine andere Anfechtung. A 44/369

Haben Sie ein Beispiel für die Zweifler parat?

Nach der Sünde der Unzucht und des Ehebruchs folgt die Lüge, danach Totschlag und Blutvergießen und endlich die Verzweiflung. A 44/369

→ TANZ

Was antworten Sie dem Schelm, der da meint, Tanz sei der Austausch von Zärtlichkeiten in einem vorgeschriebenen Takt?

Vom Tanzen sagt man das gleiche wie vom Schmuck, er bringt große Verlockung und Sünde, das ist wahr, wenn es über die Maßen und ohne Zucht geschieht. Aber es kann einer auch wohl mit einer buhlen, die weder Schmuck noch Schönheit hat, denn die Liebe ist blind, fällt (in ihrer Blindheit) schier auf einen Kuhdreck wie auf ein Lilienblatt. Darum, weil Tanzen auch der Welt Brauch des jungen Volkes ist, das zur Ehe greift, ist es nicht zu verdammen, wenn es nur züchtig, ohne schandbare Weise, Worte und Gebärden zur Freude geschieht. A 24/418

Was geschieht nach Ihrer Meinung dagegen, daß das Tanzen zur Sünde verführt?

Weil es ebenso eine Landessitte ist wie Gäste zu laden, sich zu schmücken, zu essen, zu trinken und fröhlich zu sein, weiß ich es nicht zu verdammen, außer das Übermaß, wenn es unzüchtig oder zuviel ist. Daß aber Sünden dabei geschehen, ist nicht des Tanzes Schuld allein; weil auch wohl bei Tisch und in der Kirche dergleichen geschieht. Gleichwie es nicht des Essens und Trinkens Schuld ist, wenn etliche zu Säuen darüber werden. Wo es aber züchtig zugeht, lasse ich der Hochzeit ihr Recht und Gebrauch und tanze du immerhin. Der Glaube und die Liebe lassen sich nicht austanzen noch aussitzen, wenn du züchtig und mäßig darin bist. Die jungen Kinder tanzen ja ohne Sünde; das tue auch und werde ein Kind, so schadet dir der Tanz nicht. Sonst, wenn Tanzen an sich eine Sünde wäre, dürfte man es den Kindern nicht erlauben. A 17 II/64

→ **TAUFE**

Die sprichwörtliche Redensart: »aus der Taufe heben« bedeutet, es ins Leben rufen. Was bedeutet für Sie die Taufe, Doktor Luther?

Die Taufe ist nicht allein schlicht Wasser, sondern sie ist das Wasser in Gottes Gebot gefaßt und mit Gottes Wort verbunden. A 30 I/379

Es ist nötig, daß wir uns taufen lassen, wenn wir Christen sind; oder können wir nicht dazu kommen, daß wir doch sagen: ich wollte gern getauft werden. A 12/561

Kann denn jemand ein gläubiger Christ sein, auch wenn er nicht getauft worden ist?

Es kann auch einer glauben, wenn er gleich nicht getauft ist; denn die Taufe ist nicht mehr als ein äußerliches Zeichen, das uns an die göttliche Verheißung erinnern soll. Kann man sie haben, so ist's gut, dann nehme man sie, denn niemand soll sie verachten. Wenn man sie aber nicht haben könnte oder sie einem versagt würde, ist er dennoch nicht verdammt, wenn er nur dem Evangelium glaubt. A 10 III/142

→ TEUFEL

Die deutsche Sprache steckt voller »teuflischer« Redensarten: »Der Teufel ist los«, »Ein armer Teufel«, »Das weiß der Teufel«, »Hol dich der Teufel« ... und meint immer die Gestalt des Bösen und Negativen als Widersacher Gottes. Was meinen Sie zu dieser »teuflischen Angelegenheit«, Herr Doktor Luther?

Der leibhaftige Teufel will gerne böses tun, wenn er kann; darum regt und ficht er auch die guten und frommen Herzen an, daß sie ja nicht sehen sollen, wie schwarz er ist, und will sich unter dem Ruhm der Barmherzigkeit schön machen. A 18/387

Wenn Gott dich nicht hält, hat dich der Teufel in einem Augenblick verführt. A 47/587

Der Satan ist ein höllischer Reiter, von dem die Poeten gesagt haben, er reite die armen Seelen und Gewissen wie sein Pferd und führe sie, wohin er will: von einer Sünde zur andern. A 45/405

Reitet denn der Teufel jedermann an jedem Ort?

Die Welt ist des Teufels Haus; darum, wo man hinkommt, findet man den Wirt daheim. E 672

Der Teufel weiß alle Gedanken der Gottlosen, denn er ist ihr Urheber, er gibt sie ihnen ein. Er sieht und regiert Menschenherzen, die nicht mit Gotteswort verwahrt sind. B 70

Woran erkennt man des Teufels Werk?

Die Gewalt des Teufels ist der Tod, die Sünde und ein böses Gewissen, wodurch er regiert. Er hat auch Schild und Waffen und macht die Herzen durch den Tod zittern und verleitet den Willen zur Sünde, wie er will. A 20/658

Was ist zu tun, damit sich der Satan zum Teufel schert?

Wer dem Satan widerstehen will, der muß wohl gewappnet und gerüstet sein mit Gottes Wort ... B 71

In Christus haben wir den Sieg über den Teufel und über dessen Gewalt. A 20/658

Auch der Teufel kann nichts wider uns ausrichten; denn durch Christus sind wir von des Teufels Gewalt und Reich erlöst. Dieses ist ein Reich der Finsternis, des Irrtums, der Sünde und des Todes. Weil Christus uns in sein Reich versetzt hat, das ein Reich des Lichts, rechten Verständnisses, der Gerechtigkeit und des Lebens ist, so brauchen wir uns auch vor der Hölle nicht zu fürchten, denn die Hölle und alle andern Feinde von uns hat er, der liebe Herr, gefangen. A 23/716

Und wenn die Welt voll Teufel wär
Und wollt uns gar verschlingen,
So fürchten wir uns nicht so sehr,
Es soll uns doch gelingen. E 672

→ TOD

Wodurch kann es verhindert werden, daß wir das Pensum unseres Lebens gar nicht bis zu Ende abarbeiten können?

Mitten im Leben sind wir mitten im Tod, denn wir sind vielen tödlichen Krankheiten und Unfällen ausgesetzt: da sticht sich einer, da fällt einer, da wird einer so verwundet, daß er verblutet. Darum brauchen wir Gott zu jeder Stund', daß er uns bewahrt und erhält. D 105

Was bedeutet es, wenn Apostel Paulus sagt: »Ich sterbe täglich.«?

Gegen den Tod gibt es keinen Rat. Wir müssen sterben, davor kann sich niemand schützen, noch ihn aufhalten. Wir sind zum Tode verurteilt, so streng und stark, daß sich niemand wehren kann. Wir müssen hinweg ... Das gilt nun nicht allein denen, die in Sünde sind, sondern auch den Gläubigen. A 24/118

Wir sind allesamt in den Tod gefordert und es wird keiner für den andern sterben, sondern ein jeglicher in eigener Person für sich mit dem Tod kämpfen. In die Ohren können wir es wohl einander schreien, aber ein jeglicher muß für sich selber bereit sein in der Zeit des Todes ... A 10 III/1

Wenn es gewiß ist, daß wir das Zeitliche segnen werden, weshalb nicht auch, wann wir dem Tod ins Auge sehen?

Es ist nichts gewiß, denn der Tod kommt euch ins Haus. Aber wann die Stunde sein wird, ist euch unbekannt. Darum wartet nur auf diese Stunde. Man soll arbeiten, als wollte man ewig leben, und doch so gesinnt sein, als sollten wir diese Stunde sterben. A 45/384

Du weißt nicht, was Gott mit dir oder einem andern vorhat, ob du morgen leben oder sterben, ob du (gesund oder) krank sein wirst oder was dir widerfahren wird. Wenn Gott uns unseres Lebens Zeit hätte wissen lassen, wie lange oder kurz wir leben sollten, so wären wir in jeder Beziehung noch viel ärger. Nun kennen wir nicht eine einzige Stunde unseres Lebens im voraus und doch lassen wir nicht von der Bosheit. A 20/187

Gibt es einen Unterschied zwischen dem Tod eines gläubigen Christen und dem eines ungläubigen Heiden?

Der Christ schläft im Tod und geht dadurch ins Leben. Aber der Gottlose geht vom Leben und fühlt den Tod ewiglich; wie wir denn sehen, daß etliche zittern, zweifeln und verzagen, unsinnig und toll werden in Todesnöten. Darum heißt auch der Tod in der Schrift ein Schlaf, denn gleichwie der nicht weiß, wie ihm geschieht, der einschläft, und es ist unversehens morgens, wenn er aufwacht; so werden wir plötzlich auferstehen am Jüngsten Tage, daß wir nicht wissen, wie wir in den Tod und durch den Tod gekommen sind. A 17 II/235

Die Christen könnten den Tod leicht erdulden, wenn sie nicht wüßten, daß der Zorn Gottes mit dem Tode verbunden ist. Das macht uns den Tod sauer. Die Heiden aber sterben sicher, sie sehen den Zorn Gottes nicht, sondern glauben, der Tod sei das Ende der Menschen. B 299

Wenn Apostel Paulus sagt: »Christus ist mein Leben, und Sterben ist mein Gewinn«, was ist dann der Tod für den gläubigen Christen?

Sterbe ich, so habe ich Gewinn, denn ich komme desto eher zum Leben. Da siehst du, was der Tod bei den Christen ausrichtet. Er ist nur ihr Gewinn, sie verlieren nichts an ihm, er aber beißt sich an ihnen zu Tode. A 20/574

Es gibt kein sanfteres noch lieblicheres Ding auf Erden als einen süßen Schlaf. Deshalb ist für einen wirklichen Christen nichts süßer als der Tod. Er schläft, um fröhlich und mit Jubel aufzuerstehen. B 73 f.

Der Mensch ist im Schlaf ganz und gar einem Toten ähnlich, deshalb hat man den Schlaf auch nicht ohne Grund als einen Bruder des Todes abgebildet. B 299

Wir sollen uns im Glauben üben und gewöhnen, den Tod zu verachten und als einen tiefen, starken, süßen Schlaf anzusehen, den Sarg nicht anders als unsers Herrn Christus Schoß oder Paradies, das Grab für nichts anderes als ein sanftes Ruhebett zu halten; wie es denn vor Gott in Wahrheit so ist. A 35/478

Also müssen sich die gläubigen Christen vor dem Tod nicht fürchten?

Es gibt niemanden, der nicht lieber alle anderen Übel zu erdulden wünschte, wenn er dadurch dem Übel des Todes entgehen könnte, denn vor dem Tod haben sich auch die Heiligen gefürchtet; den hat auch Christus nur mit Furcht und blutigem Schweiß erlitten. A 6/109

Wer den Tod mehr als Christus fürchtet und das Leben mehr liebt, hat Christus noch nicht im wahren Glauben. A 56/331

Man muß sich über die Torheit des Menschen wundern, der sich vor dem Tode fürchtet. Ihm kann man nicht entgehen, denn er ist allen Menschen gemein ... Und wenn wir gleich gern länger leben wollten, so ist's doch nur eine kleine Frist. B 298

Der Tod ist gemein und herrscht über alle Menschen, verschont keinen, er sei arm oder reich, hohen oder niederen Standes – sie müssen alle für ihn herhalten. D 106

Die Angst vor dem Tod ist der Tod selbst und nichts anderes. Wer den Tod ganz aus seinen Gedanken vertreibt, der hat keinen Tod, er schmeckt den Tod nicht ... Was es aber für einen Schmerz bereitet, den Tod zu schmecken, das sieht man an Christus, wenn er sagt: »Meine Seele ist betrübt bis an den Tod.« Ich halte diese Worte für die größten in der ganzen Schrift. B 300 f.

Was raten Sie uns, Herr Doktor Luther, wie wir mit dem Tod richtig umgehen sollten?

Mit dem Tode umzugehen ist die Schule des Glaubens. B 74

Die richtige Vorbereitung auf den Tod ist es, zu wissen, daß der Tod, die Sünde, die Hölle und der Satan im gekreuzigten Christus besiegt und zu Boden geschlagen sind. B 73

Je inniger der Tod betrachtet, angesehen und anerkannt wird, um so schwerer und gefährlicher ist das Sterben. Im Leben sollte man sich in Todesgedanken üben und sie sich nahe gehen lassen, wenn er noch fern ist und es noch nicht drängt, aber im Sterben, wenn er (von sich) selbst (aus) schon allzu stark ist, ist es gefährlich und zu nichts nütze. Da muß man sich sein Bild aus dem Sinne schlagen und ihn gar nicht sehen wollen ... So hat der Tod seine Kraft und Stärke in der Schwäche unserer Natur und darin, daß wir ihn zur Unzeit zuviel ansehen und betrachten. A 2/687

Die Sterbenden so trösten, daß der Tod allen Trübsalen und Gefahren dieses Lebens ein Ende mache, dieser Trost ist nicht stark und kann das Herz im Kampf nicht aufrichten, denn es deucht ihnen, es blieben auch noch größere Übel nach dem Tode. A 25/243

Was aber meinen Sie zu der Tat jener, die mittels Selbstmord versuchen, sich selbst zu erlösen?

Ich bin der Meinung, daß die ganz und gar zu verdammen seien, die Selbstmord begehen. Mein Grund dafür: sie tun es nicht gern, sondern werden von der Macht des Teufels überwältigt – wie (wenn) jemand in einem Wald von einem Wegelagerer ermordet würde. Dennoch darf das dem Volk nicht so gesagt werden, damit dem Satan nicht Gelegenheit geboten wird, ein Blutbad anzurichten. Ich bin auch der Meinung, daß man an den Bräuchen (in bezug auf die Selbstmörder) streng festhalten soll. Sie sind ihrer selbst nicht mächtig, sondern unser Herrgott richtet sie hin, wie er einen durch einen Straßenräuber hinrichtet. Die Obrigkeit soll gleichwohl streng in dieser Sache sein, wenn auch die Seele nicht einfach verdammt ist. B 261

Welches Gebet halten Sie für die letzte Stunde eines Sterbenden bereit, Herr Doktor Martinus?

Allmächtiger, ewiger, barmherziger Herr und Gott, der du bist ein Vater unseres lieben Herrn Jesus Christus, ich weiß gewiß, daß du alles, was du gesagt hast, auch halten kannst und willst, denn du kannst nicht lügen; dein Wort ist wahrhaftig. Du hast mir im Anfang deinen lieben, einzigen Sohn, Jesus Christus, zugesagt, derselbe ist gekommen und hat mich vom Teufel, Tod, Hölle und Sünden erlöst. Danach sind mir zu größerer Sicherheit aus gnädigem Willen die Sakramente der heiligen Taufe und des Abendmahls geschenkt, darinnen mir Vergebung der Sünden, ewiges Leben und alle himmlischen Güter angeboten sind. Auf solches dein Anbieten hab ich derselben gebraucht und im Glauben auf dein Wort mich fest verlassen und sie empfangen. Deshalb zweifle ich nun gar nicht, daß ich sicher und zufrieden bin vor Teufel, Tod, Hölle und Sünde. Ist dieses meine Stunde und dein göttlicher Wille, so will ich mit Fried und Freuden auf dein Wort gern von hinnen scheiden. B 302

Und nun, lieber Herr, nimm meine Seele von mir, denn der Tod ist für mich besser als das Leben. D 106

→ TRUNKENHEIT

Was sagen Sie jenen Saufbolden, Schluckbrüdern und Sumpfhühnern, die unentwegt einen trinken, picheln, heben, bechern, kümmeln, schmettern, zischen, stemmen, süffeln, zwitschern, hinter die Binde gießen und zur Brust nehmen?

Sauft, daß euch das Unglück ankomme! Die werden nicht alt werden, denn das Beste vom Menschen vergeht mit der Trunkenheit. Neulich war ich am Hof und habe eine scharfe Predigt gegen das Saufen gehalten. Aber es hilft nicht. Wenn ich wieder zum Fürsten komme, will ich nicht mehr tun als bitten, daß er über allen Untertanen gebieten wolle, sich vollzusaufen. Wenn es ein solches Gesetz gäbe, würden sie es vielleicht unterlassen, denn: was verboten ist, dagegen handelt man gern. B 275

Das Saufen ist in unseren Landen eine Art Pest, welche durch Gottes Zorn über uns geschickt ist. A 2/590

Große greuliche Schäden, Schande, Mord und alles Unglück, das an Leib und Seele geschieht, sollte uns billigerweise vom Saufen abschrecken. A 51/257

Haben Sie einen ganz praktischen Vorschlag?

Man sollte das Geld, das man versaufen will, zusammenlegen und in einem gemeinsamen Schatz sammeln, ein jedes Handwerk für sich, daß man in der Not einem bedürftigen Zunftgenossen (damit) zu seiner Verwendung helfen und leihen könnte. Oder man sollte ein paar junge Leute desselben Handwerks von diesem Schatz mit Ehren (in die Fremde) ziehen lassen; das wären rechte, brüderliche Werke. A 2/755

Aber steht denn in der Bibel nicht geschrieben, »daß der Wein erfreue des Menschen Herz«?

Unser Herrgott lobt seine Kreaturen selbst, wenn er spricht: Der Wein erfreut des Menschen Herz, und das Brot stärkt ihn. Für die Toten Wein, für die Lebenden Wasser: das ist eine Vorschrift für Fische. Der Wein ist gesegnet und kommt in der Heiligen Schrift vor, das Bier aber gehört zur menschlichen Überlieferung. D 52 f.

Wer das Bierbrauen erfunden hat, der ist ein Unheil für Deutschland gewesen. B 274

Die Christen sein wollen, sollen wissen, daß auch die Tugend, nüchtern und mäßig zu sein, bei den Christen gesehen werden soll. A 47/763

→ **TUGEND**

Das Sprichwort sagt, breit sei der Weg zur Sünde, aber schmal der Pfad der Tugend. Welche Wegweiser stehen an Ihrem Weg, Herr Luther?

Die vier Haupttugenden hat man gut aufgestellt: die Mäßigkeit erhält den Leib, die Gerechtigkeit ernährt, die Tapferkeit wehrt, die Weisheit regiert alles. B 241

Und wenn Sie es in Verse kleiden?

Es ist auf Erden kein besser List,
Denn wer seiner Zunge ein Meister ist.

Viel wissen und wenig sagen,
Nicht antworten auf alle Fragen.
Rede wenig und mach's wahr,
Was du borgst, bezahle bar.
Laß einen jeden sein, wer er ist,
So bleibst du auch wohl, wer du bist. B 243

Schweig, leid, meid und vertrag,
Deine Not niemand klag,
An Gott nicht verzag,
Deine Hilfe kommt alle Tag. B 243

→ UNDANKBARKEIT

Undank sei der Welten Lohn, sagt das Sprichwort. Was sagen Sie dazu, Doktor Luther?

Gleichwie Gott loben und dankbar sein der höchste Gottesdienst ist, hier auf Erden und im Himmel, so ist auch die Undankbarkeit das allerschändlichste Laster und die höchste Unehre Gottes gegenüber ... A 31 I/76

Gott behüte uns vor dem greulichen Laster der Undankbarkeit und, daß wir seine Wohltat vergessen. A 31 II/588

Bedeutet das im Umkehrschluß, daß wir für unsere Wohltaten Dank erwarten dürfen?

Willst du ein guter Christ sein und auf das künftige Leben hoffen, so erweise allen Gutes, erbarme dich aller Elenden, und selbst Leib und Leben sollst du einsetzen; dennoch aber erhoffe dir davon keinen Dank. A 42/583

→ UNZUFRIEDENHEIT

Haben Sie eine Erklärung dafür, daß heutzutage kaum jemand mit seinem Los zufrieden ist?

Das ist der Teufel mit uns, daß niemand genug hat! Wie es Gott mit einem schickt, so gefällt es ihm nicht. Das Los der anderen gefällt uns immer besser: die ergiebigere Saat steht immer auf fremdem Felde; und der Nachbar hat immer das fruchtbarere Vieh.

So ist es auch auf unserem Gebiet. Niemand ist mit seinem Beruf zufrieden: das träge Rind möchte gern einen Sattel tragen, und das Reitpferd möchte vor den Pflug gespannt werden. Je mehr wir haben, um so mehr wollen wir haben.

Die Gegenwart, so gut und schön sie auch sein mag, schmähen wir immer. Wir streben nach dem, was wir nicht haben. Sobald wir das erreicht haben, wird es sogleich wertlos. So möchte, wer ein Fürst ist, gern König sein, der König ein Kaiser. Wer ein Mädchen liebt, dem steht der Sinn allein danach, es zu besitzen, in seinen Augen scheint es nichts Schöneres zu geben. Er würde sich glücklich schätzen, wenn er sie für sich haben könnte. Hat er sie aber, so fängt er schon nach drei oder vier Tagen an, ihrer überdrüssig zu werden. Er meint, er könne eine noch viel schönere haben. So denkt auch der Arme: wenn ich hundert Goldstücke hätte, wäre ich der Reichste. Hat er sie aber, will er immer mehr haben usw.

So ist des Menschen Herz mit dem Quecksilber zu vergleichen, das jetzt da, bald anderswo ist; heute ist es so, morgen anders gesinnt. Daher ist es ein großes Elend, wie der Prediger Salomo sagt, daß der Mensch nach so Unzuverlässigem verlangt und nach dem, von dem er nicht weiß, wie es geraten wird. Aber das Zuverlässige, worauf Verlaß ist und was bereits geraten ist, das verachtet er. B 262

Was also raten Sie den Christen, Herr Professor Luther?

Die Christen müssen Gott für die gegenwärtigen Dinge dankbar sein; so wie sie verläßlich sind, sind sie auch gut und sind uns nach Gottes unermeßlicher Barmherzigkeit zuteil geworden. Christen sollen den Psalm singen: »Lobet den Herren.« B 263

→ VERLEUMDUNG

Was sagen Sie dem, der da meint, Verleumdung sei, wenn ein Ehrabschneider jemanden schuldig spricht, der sich nicht verteidigen kann, weil er nicht anwesend ist?

Die Verleumdung geschieht erstlich, wenn man (dem Nächsten) etwas Falsches unterschiebt. Zum zweiten, wenn man, was zwar an sich wahr, aber noch verborgen ist, öffentlich ans Licht zieht und (dem Nächsten zu Last und Beschwerde) auflegt. Zum dritten, wenn man das, was wahr ist, leugnet. A 1/45

Betreibt der üble Nachredner nicht so etwas wie Rufmord auf Raten?

Ein Nachredner ist ein dreifacher Totschläger, denn er ermordet ihrer drei mit einem Schlage: erstens sich selbst; dann den, dem er etwas einbläst, und drittens den, den er verleumdet, denn der Mund, der lügt, tötet die Seele ... A 1/473

Ist es nicht vergebliche Liebesmüh, gegen einen Brunnenvergifter vorzugehen, der im trüben fischt, den man nicht sieht, nicht hört, nicht kennt?

Du sollst (den Verleumdungen) nach Kräften entgegentreten. Was du aber nicht verhindern kannst, das mußt du eben ertragen. Es ist zwar ekelhaft und belastet einen sehr, auf so schändliche Art von solchen Klatschmäulern dem öffentlichen Spott preisgegeben zu werden – ohne daß man etwas davon ahnt – aber was tun? Man kann solchen Schmähungen und Verleumdungen doch nicht aus dem Wege gehen. Schließe nur deine Augen, verstopfe deine Ohren und tu, was in deinen Kräften steht. A 20/175

→ VERNUNFT

Wir erklären Sie es, Professor Luther, daß zwar jeder Vernunft hat, aber wie wenige doch vernünftig sind?

Die Vernunft, wie schön und herrlich sie auch ist, gehört doch allein in das Weltreich; da hat sie ihre Herrschaft und ihr Reich. Aber im Reich Christi, da hat allein Gotteswort die Oberhand. A 16/261

In zeitlichen Dingen und in denen, die den Menschen angehen, ist der Mensch vernünftig genug; da bedarf es keines andern Lichtes als der Vernunft. Darum lehrt auch Gott in der Schrift nicht, wie man Häuser bauen, Kleider machen, heiraten, Krieg führen oder dergleichen tun soll, daß sie geschehen; denn da ist das natürliche Licht genug dazu. Aber in göttlichen Dingen, d. h. in denen, die Gott angehen, daß man tue, was Gott angenehm ist und damit selig werde, da ist doch die Natur stockstarr und ganz blind, daß sie nicht ein Haarbreit anzeigen kann, was diese Dinge sind. A 10 I/531

Die Vernunft kann ihr Licht hochhalten und rühmen, auch klug in weltlichen, vergänglichen Sachen damit sein, aber sie klettere beileibe damit nicht hinauf in den Himmel, oder man frage sie (ja nicht) um Rat in Sachen, die die Seligkeit belangen. Denn da ist die Welt und Vernunft ganz starrblind, bleibt auch in der Finsternis, leuchtet und scheint in Ewigkeit nicht. A 46/587

→ WAHRHEIT

Wahrheit sei das, was man glaubhaft machen kann. Sehen Sie das auch so, Professor Luther?

Das Wort Wahrheit bezieht sich nicht allein auf Worte, sondern es muß überhaupt über dem ganzen Leben stehen. Alles, was wir reden, denken, leben und sind, soll gewiß und wahrhaftig sein, damit nicht allein die Welt nicht, sondern auch wir selbst nicht betrogen werden. A 40 II/389

Wahrheit ist die Frucht des Geistes wider die Heuchelei und Lüge, daß ein Christ nicht allein wahrhaftig in seinen Worten, sondern auch rechtschaffen in seinem Leben sei; daß er also nicht den Namen führe ohne Werke. Sei ein Christ und lebe nicht heidnisch in Unkeuschheit, Geiz, anderen Lastern usw. A 17 II/213

Ist an der Behauptung etwas dran, daß man einem Armen die Wahrheit nicht glaube, einem Reichen aber selbst die Lüge abkaufe?

Es ist nicht darum etwas gut und wahr, weil es von einem Mächtigen, Heiligen oder sonst einer Person gesagt ist, sondern dann erst, wenn es allein von Gott kommt. A 2/480

Die Wahrheit schmeckt oft bitter; findet sie deshalb sowenig Abnehmer?

Wenn man die Wahrheit sagt und tut, so richtet man Zorn und Feindschaft an. Das haben auch die Heiden gesagt, und es ist doch nicht die Schuld derer, die sie nicht hören wollen. Soll man denn die Wahrheit gar nicht predigen und durch solch Stillschweigen schlechthin alle Menschen zum Teufel fahren lassen? Wer kann oder will das auf sich laden? ... A 21/298

→ WEISHEIT

Was sagen Sie dem, der da sagt, Weisheit sei eine Kreuzung von Wissen und Lebenserfahrung und Klugheit und Güte?

Es ist eine große Gnade, weise, klug oder verständig genannt zu werden. Wahrhaftige Weisheit ist nichts anderes als Gotteserkenntnis: wenn ich weiß, was man von Gott halten soll und sein göttliches Wohlgefallen kenne. A 17 I/389

Wie kommt man zur Weisheit?

Die Welt achtet sie nicht, darum soll sie toll bleiben. Will man aber anfangen, weise zu werden, so muß man Gott fürchten. Man muß es gewiß für Gottes Wort halten, so lernen sich alle Dinge ganz leicht, denn das ist der einzige Fehler, daß viele Leute Gottes Wort hören und doch nichts daraus lernen, daß sie es wohl für ein Wort, aber nicht für Gottes Wort halten.
A 31 I/425

Gottes Weisheit ist nirgends zu finden, außer in seinem Wort. Wer das lieb hat, wert hält und immerdar damit umgeht, der ist nicht allein ein erleuchteter, von Gott bewährter Doktor über alle anderen Weltweisen und Gelehrten, sondern auch ein Richter über alle Weisheit und Lehre, über Teufel und Menschen. Wer umgekehrt Gottes Wort nicht mit Ernst betreibt, sondern Menschenlehre und Weisheit folgt, sein Leben danach richtet und regiert, der ist und bleibt sein Leben lang ein ungelehriger Schüler in der Schrift. A 48/74

Aber Herr Professor Luther, gibt es denn nur diese eine christliche Weisheit und nicht auch die Weisheit ungezählter Gelehrter, Dichter und Denker, die Weisheit der Völker quasi und die Weisheit der Welt?

Diese (nämlich der Christen) Weisheit übertrifft weit, weit alle andere Weisheit; denn sie ist eine göttliche Weisheit. A 40 II/459

Niemand hat die Weisheit so vollkommen ausgeschöpft, daß es keiner Übung und Lehre mehr bedürfte, denn man muß allezeit lernen und wachsen, und diese Weisheit muß man in der Tat aus Gottes Wort lernen. Sie kann mit den Augen oder mit fleischlichem Verstand nicht begriffen werden. A 44/73

→ WELT

Beim Auslegen der Bibel gebrauchen Sie, Professor Luther, recht häufig den Ausdruck »Welt«. Was ist darunter zu verstehen?

Unter dem Wort »Welt« versteht die Heilige Schrift nicht nur die Gottlosen und die Schädlinge, sondern auch die Allerbesten, die Allerweisesten und die Allerfrommsten. A 40 II/174

Die Welt ist nichts anderes als ein Stall voll böser Buben: Die Welt ist des Teufels Reich, und Blut und Fleisch ist ihr Hofgesinde. A 20/553

Die Welt ist ein Distelkopf; wohin man denselben kehrt, dort reckt er die Stachel über sich. A 51/246

Die Welt ist wie ein betrunkener Bauer. Hebt man ihn auf der einen Seite in den Sattel, so fällt er auf der anderen wieder herunter. Der Welt kann man nicht helfen, was immer man auch anstellt. Sie will des Teufels sein. D 85

Schon im Altertum kannte man die Sieben Weltwunder und ständig kommen große und kleine Leistungen hinzu. Sind das nicht wunderbare menschliche Verdienste?

Die Welt nimmt mit großer Begierde göttliche und menschliche Wohltaten an und schreibt sie ihrem eigenen Verdienst, Gerechtigkeit und Tüchtigkeit zu. A 44/568

Wie muß und wie könnte die Welt regiert werden?

Wenn die Welt fromm wäre, so bedürften wir keines Kaisers, Fürsten, Bürgermeisters, Richters, Henkers (und seines) Rades, Galgens, Feuers, Wassers, Schwertes oder der Spieße, denn ein jeder täte willig von sich, was er tun sollte, wie einer auch willig und ungezwungen ißt und trinkt. Weil sie aber ein Stall voller böser Buben ist, so muß man Gesetze und Obrigkeit haben: Richter, Henker, Schwert, Galgen und was dergleichen mehr ist, damit man den bösen Buben wehren könne. A 20/577

→ WORT GOTTES

Was bedeutet Gottes Wort, Herr Luther?

Das ist ein trefflicher Spruch, den man an alle Wände schreiben sollte: Das Wort des Herrn wird allein bleiben. Was über und außer dem Worte Gottes ist, das wird wie eine Blume auf dem Felde vergehen. A 25/254

Gottes Wort und der Glaube geht über alles, über alle Gaben und persönlichen Würden. A 54/285

Unser Glaube soll einen Grund haben, der Gottes Wort sei und nicht Sand, noch Moos, Menschen Wahn oder Werk. A 10 I/589

Das Wort Gottes ist ein Heiligtum über alle Heiligtümer, ja das einzige, was wir Christen kennen und haben. A 30 I/145

»Dein Wort in Gottes Ohr«, sagt das Sprichwort und meint, es möge an höherer Stelle gehört werden und in Erfüllung gehen. Was nun bewirkt das Wort Gottes?

Das ist eine feine Frucht und Kraft des lieben Wortes, daß die, welche fest daran halten, nicht allein Stärke und Trost der Seelen dadurch empfangen, sondern auch vor unrechter Lehre und falscher Heiligkeit behütet werden. A 42/401

Gottes Wort ist wahrhaftig und macht nicht Heuchler, sondern rechtschaffene, wahrhaftige Leute und solche, die einen rechten Glauben und Meinung von Gott haben. A 31 I/583

Gottes Wort ist wie ein starker Strom, dem man durch keinerlei Gewalt wehren kann; es bewirkt wie die Natur, daß es die Gläubigen selig macht. Aber die Ungläubigen verdammt es und zerschmettert sie; und das darum, weil der Herr dieses Wortes die göttliche Weisheit, Macht und Gerechtigkeit ist. Darum ist es über alles, was wir haben oder sind. A 40 II/275

Jemandes Wort haben und es halten, sind manchmal zwei unterschiedliche Schuhe. Trifft das auch für das Wort Gottes zu?

Es ist ein Unterschied, Gottes Wort haben und es halten. Viele haben es, aber halten's nicht, sondern halten ihren Mammon, Ehre, Gewalt und Gunst höher als Gottes Wort. Darum lieben sie auch nicht Christus und betrügen sich selbst mit dem Wissen, daß sie das Wort haben, täglich hören und lesen; doch bessern sie sich deshalb nicht. A 48/179

Woran mangelt es, wenn man bedenkt, daß Gottes Wort die Beziehung zwischen ihm und den Menschen herstellt?

Wo man Gottes Wort hat, da will man es nicht haben. Wiederum: wo man es nicht hat, da hätte man es nur herzlich gern. Wo man die Kirche vor der Tür hat, darin man Gottes Wort lehrt, da gehet man während der Predigt auf dem Markte spazieren und schlendert um den Graben. Wo man zehn, zwanzig Meilen zu (laufen) hat, da wollte man gerne mit der Menge gehen und mit ihnen zum Hause Gottes mit Frohlocken und Danken wallen. A 51/270

→ ZEIT

Wie interpretieren Sie, Professor Luther, die Bibelworte des Predigers Salomo?: »Ein jegliches hat seine Zeit, und alles Vorhaben unter dem Himmel hat seine Stunde: geboren werden hat seine, sterben hat seine Zeit ...« und so fort.

Dem Menschen ist es nicht möglich, Beginn und Ende zu bestimmen. Es ist gegen den freien Willen gesagt, daß wir nicht über die Zeit verfügen können. Wir können den Dingen nicht Ziel und Gedeihen vorschreiben. Hier werden unser Eifer und unsere Bemühungen ganz und gar unwirksam gemacht, denn es geht und kommt doch alles, wie Gott es beschlossen hat. Das zeigen wahrlich die Beispiele, die wir in der Menschen Werke finden: die rechte Zeit für sie steht außerhalb der Menschen Wahl. Folglich bemühen sich die Menschen umsonst in ihrem Eifer, und sie erreichen auch nichts, selbst wenn sie sich zerreißen, und nichts kommt, bevor nicht Gott Zeit und Stunde festgesetzt hat. A 20/58

→ ZORN

Es sei besser, so meint ein weiser Mann, seiner Weisheit Gehör zu verschaffen, nicht seinem Zorn. Was meinen Sie dazu, Doktor Martinus?

Zorn ist der Regent der Welt, denn der Lenker, der nicht zu zürnen weiß, ist untauglich, einem Gemeinwesen vorgesetzt zu werden; völlig untauglich, wenn er schon in einer solchen Stellung ist. B 211

Ich habe keine bessere Arznei als den Zorn, denn wenn ich gut schreiben, beten und predigen will, dann muß ich zornig sein; da erfrischt sich mein ganzes Geblüt, mein Verstand wird geschärft, und alle Anfechtungen weichen. B 157

Aber muß man das nicht differenzierter, quasi von Fall zu Fall sehen?

Der häusliche Zorn ist nur unseres Herrgotts Puppenspiel; da geht es nur um eine Rute oder um einen Schlag. Der öffentliche Zorn aber nimmt Weib und Kind durch Mord und Kriege hinweg. Beim Zorn der Kirche endlich geht es um die Seele im Himmel. Wenn ich dem Zorn des Teufels, der Sünde und des Gewissens standhalten kann, dann halte ich auch dem Zorn (meiner) Käthe von Bora stand. Mit Gewalt soll niemand etwas bei mir erreichen. B 211

→ ZWANG

Was sagen Sie zu dem Sinnspruch des altgriechischen Philosophen Epikur: »Zwang ist ein Übel, aber es besteht kein Zwang, unter Zwang zu leben.«?

Das weltliche Regiment hat Gesetze, die sich nicht weiter erstrecken als über den Leib und das Gut und was auf Erden äußerlich ist, denn über die Seele kann und will Gott niemanden regieren lassen, als sich selbst allein. A 11/262

Predigen will ich's, sagen will ich's, schreiben will ich's; aber mit Gewalt zwingen und dringen will ich niemand, denn der Glaube will willig und ungenötigt sein und ohne Zwang angenommen werden. A 10 III/18

Wir wollen von keinem Zwang wissen. Wer aber unserer Predigt und Vermahnung nicht hört, noch folgt, mit dem haben wir nichts zu schaffen, der soll auch nichts von dem Evangelium haben. A 30 I/237

Niemand ist zum Glauben und Evangelium zu zwingen. A 12/12

Der Glaube will niemand zum Evangelium zwingen und dringen, sondern es einem jeden frei lassen und ihm anheimstellen. Wer da glaubt, der glaube; wer da kommt, der komme; wer da draußen bleibt, der bleibe. 10 III/139

Wie aber kommt der Mensch zum Glauben?

Weil man den Glauben nicht ins Herz gießen kann, so kann und soll auch niemand dazu gezwungen noch gedrungen werden, denn Gott tut solches allein und macht das Wort lebendig in der Menschen Herz. Darum soll man das Wort frei gehen lassen und nicht unsere Werke dazutun. Wir haben zwar das Recht zur Predigt, aber nicht auch den Erfolg in der Hand. Das heißt, das Wort sollen wir predigen, aber das andere sollen wir Gott allein anheimstellen. A 10 III/15

Es ist nicht nötig, jemandem unter Zwang in sein Gewissen zu dringen, wie man sagt: Niemand soll zum Glauben gezwungen, sondern (er kann) nur berufen werden. Soll jemand (zum Glauben) kommen, dann wird ihn Gott durch seinen Anruf wohl dazu bewegen. Tut Gott es nicht, was vermagst du dann mit deinem Drängen? A 7/292

→ ZWEIFEL

Halten Sie es, Professor Luther, für zweifelhaft, wenn der griechische Philosoph Aristoteles behauptet: »Wer recht erkennen will, muß zuvor in richtiger Weise gezweifelt haben.«?

Wenn der Mensch (erst) dahin gebracht ist, daß er zweifelt, kommt er bald (auch) dahin, daß er Gott lästert und sagt: Gott hat es nicht geboten oder wenn er es gleich geboten hat, meint er es nicht recht. A 24/87

Wer da zweifelt, ist gleich wie eine Woge des Meeres, die vom Winde getrieben und bewegt wird. A 30 I/211

Wenn jemand zweifelt und nicht daran festhält, er habe einen gnädigen Gott, der hat ihn auch nicht. Wie er glaubt, so hat er. A 2/249

Ist denn die Lehre Christi frei von allem Zweifelhaftem?

Der heilige Geist ist kein Skeptiker, er hat nichts Zweifelhaftes oder unsichere Meinungen in unsere Herzen geschrieben, sondern feste Gewißheiten, die gewisser und fester sind als das Leben selbst und alle Erfahrung. A 18/605

QUELLENVERZEICHNIS

A Gesamtedition der Werke Martin Luthers; Weimar 1883 ff. (Band, Kapitel/Seite)

B Martin Luther: Tischreden; hrsg. v. Kurt Aland; Philipp Reclam Jun., Stuttgart 1960

C Luther im Kreise der Seinen; ausgewählt v. Otto Clemen; Insel Verlag, Frankfurt/M., 5. Aufl. 1983

D Die Welt ist wie ein betrunkener Bauer. Aus den Tischreden Martin Luthers; Herder Verlag, Wien-Freiburg-Basel, 4. Aufl. 1982

E Puntsch, Eberhard: Zitatehandbuch; Lizenzausgabe Weltbild Verlag, Augsburg 1991

F Martin Luther: Tischreden; ausgewählt und bearbeitet v. Jürgen Henkys; Union Verlag, Berlin 1983

G Martin Luthers Hausbuch; hrsg. v. Marianne Bernhard; Gondrom Verlag, Bayreuth 1983

H Luthers Tischreden; hrsg. v. Manfred Kluge; Heyne Verlag, München 1983

I Uhsadel, Walter: Kleines Begriffslexikon biblisch-theologischer Grundbegriffe; Christliche Verlagsanstalt Neukirchen-Vluyn, 7. Aufl. 1995

J Weisheiten der Welt. Deutsche Dichter und Denker; hrsg. v. Alfred Grunow; Lizenzausgabe Weltbild Verlag, Augsburg 1994

m̃ fesien u. Tobias – Weihnachten 2012

Anekdoten um Martin Luther

Manfred Wolf
Thesen und andere Anschläge
Anekdoten um Martin Luther

192 Seiten, Paperback
ISBN 978-3-374-02286-1

„In häuslichen Dingen füge ich mich Käthe. Im Übrigen regiert mich der heilige Geist."

Wollten Sie schon immer mal wissen, wie es beim großen Reformator Luther ganz privat zuging? Ob er ein Frühaufsteher oder eher ein Langschläfer war, wie es um seine Haushaltskasse bestellt war und was er über Kindererziehung dachte?

Unter alphabetisch geordneten Stichworten von A wie Alltag bis Z wie Zeugnisse gesammelte Anekdoten, Geschichten und Aussprüche von und über Martin Luther zeigen, dass Luther auch heute noch überraschend aktuell und lebensnah ist.

EVANGELISCHE VERLAGSANSTALT
Leipzig